AF383590

ÉMILE FOUDRAL

ACTES

DE SA VIE ET DE SA MORT

PARIS

IMPRIMERIE SAINT-GÉNÉROSUS

J. MERSCH ET Cie

8, RUE CAMPAGNE-PREMIÈRE. 8

M.DCCC.LXXX

ÉMILE FOUDRAL

ACTES DE SA VIE ET DE SA MORT

ÉMILE FOUDRAL

ACTES

DE SA VIE ET DE SA MORT

PARIS

IMPRIMERIE SAINT-GÉNÉROSUS

J. MERSCH ET Cⁱᵉ

8, RUE CAMPAGNE-PREMIÈRE, 8

M.DCCC.LXXX

INTRODUCTION

Une douleur poignante, un deuil cruel sont venus frapper tout à coup, il y a quelques mois, un de nos Cercles catholiques, entre tous ces asiles de la classe ouvrière, peut-être le plus réputé pour la foi de ses membres, leur union fraternelle et leurs joies chrétiennes.

Une des âmes ouvrières et françaises les plus belles a été brusquement ravie à la vive affection, à l'estime, ou plutôt à la vénération que ses rares et aimables vertus avaient inspirée à ses amis.

Et à l'heure où cette jeune existence était frappée dans sa fleur par une maladie terrible, qui tue l'esprit avant le corps, s'ourdissait, au chevet du mourant et jusque sur son cercueil, une abominable trame d'infamie.

Il y a des attentats qui dépassent les crimes ordinaires et que, néanmoins, paraît-il, les lois existantes ne sauraient atteindre.

Il est des hommes qui font métier de travestir les événements les plus simples en forfaits sans nom, quand il s'agit des gens dits *cléricaux,* c'est-à-dire des catholiques.

Il existe des journaux qui accueillent, subventionnent et encouragent cette littérature, et qui lui doivent leur succès.

Ainsi, de quelques paroles échappées à la fièvre chaude et au plus violent délire, ils forment un roman, imaginent des scènes d'infamie, et les livrent de sang-froid à la publicité, comme la révélation de faits authentiques.

Déshonorer d'un seul coup un religieux, un soldat et un Cercle catholique, parut à ces spéculateurs une trop belle affaire pour la laisser échapper. Sans autre information ni contrôle, ils acceptèrent cette honnête marchandise et la livrèrent à leurs consommateurs, non sans se garantir par les précautions juridiques les plus perfides, afin d'échapper au flagrant délit de mensonge et au péril d'un procès, le seul qu'ils redoutent.

Ainsi firent-ils, et si bien que, ni la pauvre famille outragée et torturée dans sa douleur, ni le prêtre le plus vénérable odieusement calomnié, nile Cercle, dénoncé au mépris public, ne purent poursuivre en justice ceux dont le mensonge est le système politique, et la calomnie sacrilège le moyen d'existence. Embusqués derrière les colonnes de leurs journaux, lorsque leurs victimes frappées dans l'ombre réclamèrent avec modération, mais énergie, l'insertion de leur protestation et des pièces à l'appui, ils se refusèrent à cet acte de justice, et ne répondirent que par des ricanements effrontés, en se vantant de ne point « tomber dans ce piège grossier » qui leur était tendu.

A quoi bon revenir sur ces faits douloureux ? N'est-ce point faire le bonheur de ces indignes ennemis, que de manifester notre douleur ! Et pourtant la mémoire de ce noble et saint jeune homme ne saurait demeurer ensevelie dans le silence de la tombe et souillée de cette boue, jetée plutôt, il est vrai, à la face de l'Église catholique, objet de leur fureur implacable.

Il est une vengeance permise aux chrétiens contre les ennemis de leur foi, c'est de leur raconter les vertus de leurs victimes, non comme un plaidoyer, mais sous la forme d'un simple récit de leur vie, de leurs souffrances et de leur mort dans le Seigneur.

Au temps des premiers chrétiens, ils étaient accusés non seulement pour leur foi, ennemie de l'empire, mais aussi, pour des crimes énormes : et les païens, comme les libres-penseurs d'aujourd'hui, s'efforçaient de les déshonorer avant de les expulser de l'État ou de les mettre à mort. Est-ce que les auteurs de leurs Actes s'occupèrent de les justifier de ces accusations? Ils gardèrent à ce sujet le silence du dédain. Ils se contentèrent de rapporter le récit de leurs vertus et de leur martyre, pour l'édification de l'Église persécutée et pour la conversion de leurs bourreaux.

N'est-ce pas encore ce qui convient le mieux aujourd'hui pour venger la mémoire de l'une des plus touchantes victimes de nos modernes persécuteurs?

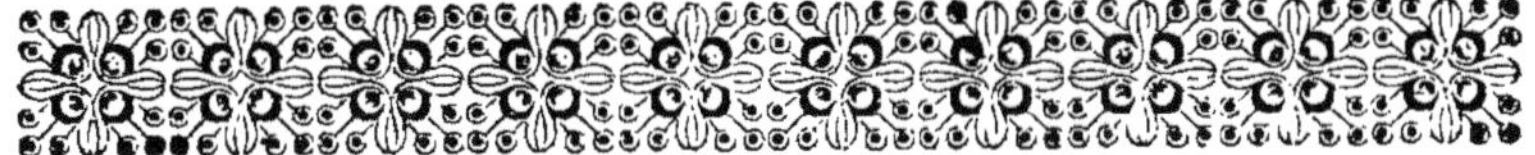

I

Les pages qui vont suivre, ne sont pas celles d'un livre.

Nous n'avons voulu écrire ni une biographie en règle, ni même une simple notice, encore moins un panégyrique ou une oraison funèbre. En aurions-nous le talent, nous reculerions devant la tâche. Il nous semble qu'en présence de l'âme des saints, l'œuvre divine par excellence, la littérature et l'éloquence sont hors de place. Le langage vrai du respect et de l'amour est le silence. La louange la plus haute, ou la plus parfaite prière, est un entretien muet avec Dieu qui s'appelle l'oraison mentale; n'est-il pas vrai que moins elle se formule, plus elle s'élève et rapproche de lui ?

Moins nous écrirons de nous-mêmes et plus il nous semble que notre tâche sera bien remplie. Nous croyons que notre rôle doit être simplement celui d'un archiviste ou d'un notaire, s'appliquant à recueillir pieusement les témoignages et les documents puisés, çà et là, surtout dans des correspondances, dont la conservation presque intacte, est déjà un fait frappant du prix attaché à tout ce qui émanait de celui dont nous voulons perpétuer la mémoire.

Nous puisons d'abord dans les lettres du bon curé qui lui fit faire sa première communion, et dans celles d'une sœur, sa marraine, qui ne le perdit point de vue depuis son départ du pays natal.

Nous reproduisons les notes de l'aumônier du Cercle, où s'écoula presque toute sa jeunesse; puis, les pages de souvenir de ses plus intimes amis; enfin, quelques procès-verbaux de l'Œuvre; mais surtout, sa propre correspondance, où son âme se livre tout entière, où son esprit si chrétien, son cœur si aimant et si joyeux s'ouvre et s'épanche dans l'abandon le plus naïf, et souvent, dans un style exquis de délicatesse native et de sentiment vrai. A travers les impressions d'une jeunesse pure et expansive, on pénètre dans le trésor de cette âme si heureusement douée et si merveilleusement perfectionnée par la grâce. Le vrai chrétien, l'homme de devoir ferme et résolu, se devinent au milieu de ces vives effusions.

Quelle vie simple et commune à la surface, et, au fond, que d'héroïques combats, en cette existence si courte, d'écolier, d'apprenti, de jeune ouvrier et de jeune soldat! Quelle paix dans cette âme, malgré les mille épreuves et vicissitudes morales et matérielles de la jeunesse pauvre! C'est qu'elles sont toutes acceptées et vaincues par l'énergie d'une vie chrétienne, pratiquée totalement, simplement, mais résolument. En cette existence, à peine de vingt-deux années, écoulée sans bruit dans l'innocence et la joie de la première enfance, aucun fait notable, aucun incident qui vienne en animer l'heureuse monotonie, sinon la brusque et terrible catastrophe qui l'a brisée tout à coup, laissant en nos cœurs éperdus, une blessure qui ne se fermera pas et, dans notre famille ouvrière du Cercle, un vide, auquel même il nous est impossible de croire, et qu'on ne peut se figurer.

Nous n'offrons donc au lecteur qu'un recueil de pièces sans lien entre elles, à l'imitation des procès ouverts pour la canonisation des saints, où l'on commence par les dépositions populaires, les grands travaux hagiographiques ne venant que plus tard. De même, aussi, pour leurs images. Avant de les offrir à la vénération des fidèles, agrandies et transfigurées, œuvres des grands maîtres, on commence par faire leur portrait au vrai et d'après nature. Et parfois il arrive que ces naïves et grossières peintures, les font connaître et aimer plus que les grandes fresques convenues et solennelles.

Avec les fragments, les esquisses, les traits épars que nous avons recueillis, nous croyons faire revivre plus réellement parmi nous notre regretté FOUDRAL, que par un livre correct, cherchant le style et l'art. C'est mieux qu'un portrait fidèle et ressemblant : c'est sa personne vivante et animée, qui va paraître elle-même et nous parler.

24 juin 1880, en la Fête de saint Jean-Baptiste, martyr de la vérité et de la pureté.

II

La Notice d'Inscription au Cercle.

CERCLE CATHOLIQUE D'OUVRIERS DE MONTPARNASSE

M. FOUDRAL ÉMILE.

Né à Veigy-Foncenex, canton de Douvaine, arrondissement de Thonon (Haute - Savoie), le 22 Septembre 1857.

Reçu provisoirement le 27 Juillet 1873.
Nommé Sociétaire, le 1er Novembre 1874.
Élu Conseiller, le 4 Février 1877.
Présenté par François G...
Demeurant, premièrement en garni rue Radzivil, 2 et, à partir de 1875, au Cercle Montparnasse.

Profession: Imprimeur à la Banque de France, et depuis 1877, à l'Imprimerie Saint-Générosus.

DÉPART

Tirage au sort, le 31 Janvier 1878, à Douvaine.
Numéro 84 sur 91 conscrits.

Conseil de révision à Paris, Palais de l'Industrie, le 27 mars 1878.

Départ de Paris pour Veigy, et de là, rejoindre son régiment à Lyon, le 8 Novembre 1878 (99ᵉ de ligne).

Retour à Paris le 25 Juin 1879, et admis comme Secrétaire d'État-major.

Entré à l'Hôpital du Gros-Caillou le 25 Janvier 1880.

Décédé le 30 Janvier 1880.

III·

Lettre de M. l'Abbé J..., Curé de Veigy.

« Vous me demandez quelques renseignements sur ÉMILE FOUDRAL. Je me fais un plaisir d'esquisser en quelques mots sa première jeunesse, car j'aimais beaucoup ce jeune homme, et la nouvelle de sa mort m'a causé une vive douleur ; aussi, pour satisfaire les besoins de mon cœur, j'ai célébré plusieurs fois pour lui le saint sacrifice de la messe.

« ÉMILE FOUDRAL, fils de Claude-François et de Marie Ruche, est né à Veigy-Fonceneix (Haute-Savoie), le 22 septembre 1857. L'aménité de son caractère le fit, dès son jeune âge, aimer de ses camarades ; sa conduite à l'église et son goût pour la prière, me le firent bientôt choisir pour enfant de chœur ; mais, ayant remarqué au catéchisme son intelligence, son instruction et sa bonne conduite, j'engageai ses parents à lui faire faire ses classes, promettant de lui donner les premiers principes de la latinité et de l'aider plus tard à achever ses études pour arriver au sacerdoce.

Ses parents, comme lui, acceptèrent la proposition avec bonheur; je lui fis donc la classe pendant dix-huit mois, et le plaçai ensuite au petit séminaire d'Évian-les-Bains où il entra en cinquième. Il obtint quatre prix à la fin de l'année; je payais la moitié de sa pension; un de mes amis qui s'intéressait à cet enfant autant que moi, et qui était charmé des qualités du jeune ÉMILE, payait l'autre moitié. Il était convenu qu'il en serait ainsi jusqu'à ce que le jeune homme entrât au grand séminaire d'Annecy. Ses parents, peu fortunés, s'étaient chargés de l'entretien, mais un malheur arrivé dans la famille mit les parents dans l'impossibilité de continuer. Son père préféra le garder et, comme ÉMILE était déjà passablement instruit, il pensa qu'il pourrait gagner de l'argent, et il l'envoya à Paris où sa sœur lui procura une occupation. Vous savez le reste... Il m'écrivait chaque année au premier jour de l'an, me remerciant de ce que j'avais fait pour lui et se recommandant à mes prières... »

Veigy, 4 janvier 1880.

« ... Cher enfant, je te remercie bien sincèrement des vœux de bonne année que tu m'envoies du fond de ton cœur. J'y suis sensible, parce qu'ils partent d'un cœur qui m'est connu. Je voudrais bien que tous les habitants de Veigy eussent pour le Seigneur et pour son ministre les mêmes idées et les mêmes sentiments que toi; [mais qu'y faire? nous sommes à la porte de Genève, on s'en ressent... Adieu, cher enfant, sois toujours sage et le bon Dieu te bénira, je te souhaite les bénédictions du ciel et te dis encore une fois en t'embrassant de tout mon cœur...

« J..., curé. »

IV

Lettre de Mme..., née Émilie Foudral.

« Mon frère n'avait que six ans quand je quittai la maison de mon père pour venir à Paris ; mais je me rappelle qu'il était très obéissant et très studieux, ayant toujours son livre à la main. On ne lui commandait jamais deux fois la même chose. Notre instituteur avait prié mes parents de ne plus l'envoyer à la classe, car, disait-il, je n'ai plus rien à lui apprendre. Je me souviens qu'en jouant avec ses camarades, il avait son livre sous son bras et, dans les moments où ce n'était pas son tour à jouer, il se dépêchait bien vite d'ouvrir son livre. En 1871, il fut placé au collège d'Évian, où il étonna ses maîtres par son intelligence. Malheureusement les personnes qui le protégeaient ne purent continuer à payer sa pension et, à la fin de l'année, il dut retourner à la maison ; tout jeune qu'il était, il en fut très affecté. Voyant qu'il ne pouvait continuer ses études, il m'écrivit pour me prier de lui trouver une place à Paris. On avait besoin en ce moment-là de beaucoup d'ouvriers à la Banque de France ; je le fis venir au printemps de 1873 ; mais on ne le trouva pas assez grand pour remplir un emploi, et il dut apprendre à travailler au dehors. Quelquefois je me plaignais amèrement de ce que l'on avait manqué à la promesse qu'on m'avait faite à son égard. Il ne faisait aucune plainte et, au contraire, il avait toujours une bonne parole pour excuser les personnes qui nous avaient mis dans l'embarras.

« — Cela viendra plus tard », me disait-il, « espé-
« rons dans le bon Dieu. »

« Entré à l'administration, plusieurs fois on oublia de l'augmenter. Il ne se plaignit jamais ; il regrettait seulement l'ennui qu'il croyait me causer et m'assurait qu'il m'en récompenserait plus tard.

« Il a été vraiment heureux le jour où M. M... le prit dans son imprimerie comme ouvrier de confiance.

« — Mon patron, disait-il souvent, voilà le modèle
« des maîtres. »

« Il n'en parlait qu'avec reconnaissance, ainsi que de son Cercle, comme il l'appelait.

« — C'est ma seconde famille, » disait-il.

« Combien de fois m'a-t-il dit :

« — Au Cercle l'on s'amuse, on se fortifie dans le
« bien et l'on s'instruit. Je ne sais ce que je ferais à
« mes moments de loisir. Ceux qui disent du mal des
« Cercles catholiques, c'est qu'ils ne les connaissent
« pas. On est sûr que ce sont des personnes qui n'y
« sont jamais entrées. »

« Je ne vous parlerai pas de l'affection qu'il vous

portait ainsi qu'à M. l'aumônier ; ni de sa piété si sincère et si peu affectée. Vous le savez mieux que nous. Il ne nous en parlait jamais, à moins que je ne l'interrogeasse. Il me répondait si simplement :

« — Nous avons une neuvaine, ou une retraite. Il
« faut que j'aille donner un coup d'œil à la chapelle,
« afin qu'il ne manque rien. »

« C'est maintenant que je m'aperçois combien il nous manque. Je ne savais pas l'apprécier à sa valeur ; souvent l'on ne reconnaît le prix des choses que lorsque l'on en est privé. Il en est malheureusement ainsi de notre cher ÉMILE. Nous garderons toujours un bon souvenir de sa mémoire, car jamais nous n'avons eu le moindre petit reproche à lui faire ; tout au contraire, c'eût été plutôt lui, pauvre enfant, qui eût pu nous en adresser, car il était meilleur que nous... »

V

Notes de ses Amis.

I

Vous m'avez demandé de me ressouvenir et d'évoquer le passé afin de vous procurer quelques renseignements pour la brochure que vous destinez à nous faire conserver la mémoire de ce doux, bon, chaste, dévoué et regretté frère Émile Foudral, ce type de l'ouvrier chrétien, que le bon Dieu a rappelé à lui, contre l'attente et malgré les vives prières de ceux qui espéraient, contre toute espérance, la prolongation d'une existence si précieuse à l'Œuvre pour laquelle nos cœurs se sont unis.

Depuis trois jours, guidé par le désir de procurer la gloire du bon Dieu et de venger la mémoire de celui qui a eu toute ma confiance et qui m'avait donné la sienne en échange, je fouille ma correspondance depuis 1873. Je vous donne ce que j'ai, et n'ai qu'un regret, celui de ne pouvoir contribuer dans une plus large mesure à faire briller et resplendir cette perle cachée, cette violette petite et humble, dont le suave parfum a embaumé une portion de ma vie, et dont le dévouement et l'amitié ont soutenu et relevé plus d'une fois mon cœur et mon courage, prêts à défaillir.

Le 19 avril 1873, je recevais de Genève, de John D..., une lettre dont j'extrais ce qui suit :

« Il y a quelques jours, je t'ai adressé un garçon, bon petit savoyard (ils sont tous bons), parent d'un membre de ma famille. Cet enfant a reçu d'excellents principes ; il est parfaitement doué sous le rapport de l'intelligence. Le curé de sa paroisse s'est beaucoup occupé de lui, et a engagé les parents de ce jeune homme à seconder ses aptitudes. A cette fin, il fut placé dans un collège jouissant d'une certaine célébrité et dirigé par des ecclésiastiques. Pour son malheur, ce jeune homme perdit sa mère et ne put continuer ses classes. Une de ses sœurs, au service du gouverneur de la Banque de France, a su intéresser ce dernier au sort de son jeune frère, et, c'est sous ces auspices, qu'il s'est rendu à la capitale. Comme je te le disais dans les quelques lignes qu'il a dû te remettre en souvenir de moi, sois pour ce jeune homme ce que tu as été pour moi. Je lui ai recommandé de ne négliger aucune occasion de te voir ; assiste-le de tes conseils ; ton expérience de la vie lui sera d'un précieux secours. »

Et, le dimanche précédant ou suivant le saint jour de Pâques 1873, il me semble voir encore un membre du Cercle m'amenant dans le jardin le jeune ÉMILE FOUDRAL, qui me remit de la part de John D....

un mot de recommandation. Pendant que j'en prenais
connaissance, il me souvient d'avoir été l'objet d'une
sérieuse observation de la part de FOUDRAL. Lecture
faite, ce fut à mon tour de l'examiner. Je fus satisfait de cet examen. Je venais de retrouver un nouveau John, avec beaucoup de timidité et beaucoup de
franchise. Je lui donnai l'accolade, et puis je lui fis visiter le Cercle, en lui en expliquant le fonctionnement.

Je le vois encore ouvrant de grands yeux et obser-
vant tout. Puis, la visite du Cercle terminée, il me
dit qu'il était attendu chez sa sœur, devant l'accompagner dans une course qu'il avait à faire, pour
s'acquitter de commissions dont on l'avait chargé à
Genève chez plusieurs de ses pays.

En le reconduisant à la porte, je me souviens que
je lui dis :

« Mon petit ami, je vois que John t'a longuement
entretenu de ma personne et que, pour toi, je ne
suis pas un inconnu. Eh bien, écoute, je suis tout
prêt à faire pour toi ce que John me demande ; ta vue
et ta présence me rappelleront notre vieille amitié et
j'espère, qu'aidé du bon Dieu, je pourrai te rendre
quelques services. Mais souviens-toi bien que ce n'est
pas aux paroles que j'apprécie ceux que j'appelle mes
amis ; c'est aux actes, c'est à la conduite. Veux-tu
que nous soyons frères? te sens-tu le courage de
vivre en chrétien dans Paris? tu le peux plus qu'un
autre, ayant ici ta famille ; tu as cela de plus que
John, et ce n'est pas rien. John y est resté bon chrétien, à la condition de ne rechercher en aucune façon
la fréquentation de ceux qui l'y avaient précédé. Tu
me dis que tu vas voir des compatriotes : va les voir,

mais ne leur promets pas de les fréquenter. Si tu savais ce que les pays font de victimes chaque année ! C'est la première recommandation que je te fais, ce ne sera pas la dernière, si tu le veux. J'espère que tu ne t'en vas pas mécontent de notre première entrevue ; je te dis : à dimanche. Ne manque pas de venir, et si tu écris à Genève, n'oublie pas de faire part à John de ta visite, en l'assurant de mon amitié. »

Il fut quinze jours sans revenir. Je le croyais accaparé par les pays, et j'en ressentais une grande peine, car les recommandations de notre agrégé (la grosse marmotte, comme vous l'appeliez) m'avaient intéressé à ce jeune homme. Il revint le second dimanche, plus pâle et plus maigrelet que la première fois. J'étais au contrôle, et Dieu sait si je lui fis bonne figure ; ce fut en tremblant qu'il me dit qu'il était allé à Vincennes, le dimanche précédent, voir des pays, soldats casernés au fort.

Nous fûmes faire un tour de jardin pendant lequel je lui dis beaucoup de choses, et lui fis nombre d'observations. Il m'écoutait avidement, et ne semblait pas ennuyé de mon prône.

Il revint le dimanche suivant et les autres dimanches, et ne manqua à venir que trois ou quatre fois dans le cours de cette première année, et ce fut toujours pour des motifs sérieux.

Mes efforts tendirent invariablement à lui faire adopter une règle de conduite que je le priais de rédiger lui-même, en tenant compte des observations que je me plaisais à faire à ses questions. A-t-il confié au papier ce règlement de vie, ce résumé des obligations que le devoir prescrit aux chrétiens pour leurs relations générales et particulières? Je l'ignore, mais ce que je sais, c'est que son cœur s'était ouvert à ces enseignements, à ces efforts de mon amitié pour lui et qu'ils y avaient pris de fortes racines. Quant à moi, j'étais payé de mes peines par la bonne volonté que j'ai toujours trouvée en lui, et par l'affection profonde qu'il m'avait vouée.

Acclimaté dans notre Œuvre, il en eut bientôt conquis l'estime ; mon rôle à son égard se borna à surveiller ses relations ; toujours je l'ai trouvé docile à cesser, sur ma recommandation, toute fréquentation suivie avec tel ou tel, dont la conduite ne m'inspirait pas confiance.

A l'école du bon Père F..., il devint bon chrétien et solide catholique. Comme membre du Cercle, il en était un fanatique, un de ceux qui se feraient tuer. Il vous souvient des défections de X... et de Z..., fin 1875. Foudral avait pour chacun de ces pauvres amis une affection profonde. La chapelle et la commission d'entrain les avaient unis par des liens de dévouement et de fraternité à toute épreuve ; la démission d'E... l'affecta surtout, car il comprenait parfaitement la conséquence désastreuse que, dans le temps, elle pouvait avoir pour la commission d'entrain. Je me rappelle sa joie manifeste lors du retrait de démission.

J'ai été le confident de sa peine, à l'époque des renvois qui suivirent. Ils furent pour notre ami une occasion de retremper sa force morale, son courage chrétien. Dieu sait les invitations, les menaces que lui firent ses anciens amis. Il me tenait au courant de tout.

Combien de fois n'a-t-il pas plaidé leur cause. Combien de fois l'ai-je fait taire par ces mots : — Ton amitié pour eux te fait me tenir un langage que je comprends ; mais, Émile, si tu étais Président du Cercle, que ferais-tu ? quelle mesure prendrais-tu ?

Il a fallu déployer du zèle à ce moment auprès de FOUDRAL. J'ai vu ses luttes intérieures, j'ai été spectateur du combat qui s'est livré en lui, et c'est le cœur joyeux que je l'ai vu sortir victorieux, traduisant son triomphe sur ses sympathies personnelles, par ces mots qui peignent un homme :

« En dehors du Cercle, point d'amis ! »

Cette résolution, il l'a tenue, je l'ai trouvée sur ses lèvres chaque fois que nous avons eu la douleur de voir le plongeon d'un des nôtres. A tous les appels, à toutes les prières, à toutes les sollicitations du dehors il l'a répétée si constamment, que j'ai entendu bien des fois répéter par nos pauvres fuyards : — Ah, toi aussi, tu es comme ton FOUDRAL ; en dehors du Cercle, point d'amis !

Nous sommes les témoins des vives sympathies que lui a values sa fidélité à cette résolution, et je crois vraiment que la crainte de perdre l'amitié de ce bon enfant a rallié à notre Cercle plus d'un indécis prêt à le quitter. Son souvenir est vivace dans tous les cœurs de ceux qui nous ont quittés en quittant Paris. Il est peu, bien peu de lettres de province, qui ne relatent un mot pour FOUDRAL. Et nos soldats ? En ont-ils de l'amitié pour FOUDRAL ? Toutes leurs lettres évoquaient son souvenir, demandaient ses prières et se réjouissaient de sa joie. Le 10 décembre dernier, c'est D... qui le remercie de l'avoir rappelé à

l'ordre, et le félicite de ses galons de premier soldat.
C'est L... ignorant sa mort qui, le 3 février, me prie
de le rappeler au bon souvenir de son ami FOUDRAL.
Ce que j'ai le moins connu, c'est le FOUDRAL de l'atelier. Je ne me souviens que d'une observation que je
lui ai faite une nuit où il veillait. Et je lui disais :
Mais comment se fait-il que tu t'épuises à travailler
comme cela? Voici sa réponse : — Quand un vieux
camarade comme M... est pressé par le travail,
comment voudrais-tu lui refuser un service?

Le dernier témoignage de sa confiance et de son
amitié, est la prière qu'il m'a adressée, pour que je lui
donnasse mon avis sur le malaise qu'il ressentait le
plus vivement dans la journée du Dimanche 25 janvier
dernier. Au cours de cette consultation, je l'ai entendu
pour la première et dernière fois se plaindre de
certains collègues de bureau, et des attaques dont il
était l'objet de leur part.

La douleur lui a arraché le regret de n'avoir pas
évité ces luttes, et de n'être pas resté au 99ᵉ de ligne
où le régime du soldat d'infanterie s'accordait mieux
avec son besoin d'activité et d'exercice.

« Cela m'aurait été plus sain que la chaleur des
« bureaux, mais, » ajoutait-il, « le Cercle était ici,
« et c'est pour m'y dévouer que je suis revenu. »

Et il s'y est dévoué jusqu'à la mort!

FRANÇOIS G...

II

.... Je vous envoie les quelques mots que vous m'avez demandés sur notre pauvre ami. J'ai été bref, j'ai fait ce que j'ai pu ; j'aurais tant à dire sur cette belle âme, que j'ai eu le bonheur de connaître si intimement !

Je vous envoie aussi quelques lettres de lui, une surtout qui est charmante et qui montre toute son expansion. Je ne voudrais pas les perdre et je ne vous les donne que pour quelque temps, afin que vous puissiez y puiser ce qui vous est nécessaire.

Je garderai ces lettres comme des reliques.

« Bien cher et regretté Ami,

« Avant de donner à notre cher Directeur quelques traits de ta vie simple, active et pieuse, je prie le bon Dieu et mon saint Patron de m'éclairer et de guider ma plume, afin que toutes mes paroles soient pour sa louange et pour le plus grand bien des âmes, surtout de celles de nos chers frères de la classe laborieuse.

« Au printemps de l'année 1873, vers huit heures du matin, en allant, après mon élection, en compagnie des conseillers du Cercle, me faire présenter à notre bonne Mère, à Notre-Dame des Victoires, je te rencontrai dans la rue Bonaparte. Je t'avais vu quelques fois au Cercle, mais jamais ta figure ne m'avait paru épanouie et heureuse comme en ce jour. Je ne te connaissais pas alors, et mon appréciation n'était que purement extérieure. Mais, depuis, je me suis toujours souvenu avec bonheur de cette rencontre, et j'ai encore devant les yeux cette figure franche, gaie et intelligente.

« Quelque temps après, tu venais prendre ta demeure dans la maison bénie du Cercle. Ce jour-là, le bon Dieu a fait au Cercle une grande grâce. Depuis ton entrée dans la maison, tout le temps qui te restait après ta laborieuse journée était voué au Cercle, après avoir donné à ta chère famille quelques heures qui lui étaient si bien dues. La famille du Cercle attirait ton dévouement et ton cœur droit.

« Après avoir entendu toute la journée les conversations dangereuses, les paroles obscènes ; après avoir compris tous les dangers que court dans un mauvais atelier un jeune cœur ardent, tu t'es jeté entièrement dans les bras du Cercle. Ton cœur pur et innocent te faisait entrevoir tout le bien que tu étais capable de faire, et que le bon Dieu te demandait.

« Faut-il te rappeler les dix-huit mois pendant lesquels nous faisions ensemble notre course à l'atelier? Te rappelles-tu combien de fois tu regardais l'heure à Saint-Sulpice et puis à Saint-Germain des Prés, afin de ne pas arriver en retard à ton travail?

« Ton exactitude était souvent pour moi une émulation. Je ne crois pas d'ailleurs que tu sois jamais arrivé en retard, quoique la porte de ton atelier se fermât cinq minutes seulement après l'heure. Te rappelles-tu ta vie sobre, et je dirai presque sévère pour ta personne?

« Quant à ta vie de camarade et d'ami, quel bonheur pour moi et pour tout le Cercle d'être avec toi; tous recherchaient ta compagnie. Combien de fois as-tu eu un petit mot de consolation pour moi ; combien de fois remettais-tu la paix dans mon cœur, quand je souffrais avec mon caractère vif et emporté. Toi, tu étais toujours la douceur et la paix. Jamais je ne trouvais moyen de me fâcher avec toi. Tu ne pouvais voir deux camarades se bouder, et tu trouvais un mot charmant et conciliant pour les raccommoder. Ta gaieté apaisait toutes les colères. Ta petite chambre ressemblait à ton cœur : toujours bien rangée, toujours propre ; tout autour de toi respirait la simplicité et la vertu.

« Toute la maison était remplie de ta gaieté franche et cordiale. Tout ce que tu faisais était bien fait. — Tu avais une amitié égale pour tous. Ton cœur pur et droit faisait du bien à nous tous.

« La commission d'entrain pour nos jeux sait ce qu'elle doit à ton dévouement infatigable. Jamais elle ne choisit mieux son président. Au jeu de barres, les plus grands *chicaneurs* se soumettaient à ta décision, qui était toujours douce, mais ferme, sans jamais froisser les mauvais caractères. — FOUDRAL avait parlé, tout rentrait dans l'ordre, la partie recommençait gaie et joyeuse. Ton secret, c'était ton regard joyeux, ta parole pleine d'affection, ton dévouement pour tous. Les nouveaux trouvaient en toi l'esprit et la vie du Cercle. Combien d'âmes sauvées par ton bon sourire et ta gaieté ! Combien de ceux qui sont aujourd'hui de bons membres du Cercle te doivent leur salut. — Ton exemple leur a inspiré l'amour du Cercle. C'était le matin, à la sainte communion que tu prenais les forces nécessaires pour le sacrifice de toute la

journée au bien des âmes. Tes ardentes prières n'é-
taient pas pour peu de chose dans tous les succès que
tu obtenais de la grâce du Seigneur. — On te voyait
tout entier à tous nos exercices. Je ne rappelle la
gymnastique que pour mémoire ; partout où il y avait
du bien à faire, la même ardeur, la même douceur, la
même exactitude, le même dévouement.

« Dans tous les services dont tu étais chargé, tu
apportais la plus grande abnégation de toi-même. Je
me rappelle toujours avec édification, qu'un jour,
notre pauvre et saint ami Chauvigné voulait t'avoir
entièrement à la commission d'entrain, et que, de mon
côté, je tenais beaucoup à toi pour le service de la chapelle. Ta nature gaie penchait plutôt du côté des
jeux ; mais ton obéissance sans limite te fit accepter
le poste désigné par le Conseil intérieur. Dès ce jour,
le service du bon Dieu était assuré à la chapelle,
aussi parfaitement qu'il est possible dans une œuvre
comme la nôtre.

« Tu avais gardé fidèlement l'exemple que nous
avons reçu de notre cher ami Chauvigné, l'adoration
au Saint Sacrement, tous les jours, à la chapelle du
Cercle. Tu as lutté courageusement contre tes pen-
chants naturels, innocents et bien permis, pour la
gloire de Dieu. Quel exemple pour tous les membres
de l'association de Saint-Générosus ! Il fallait que tu
te chargeasses d'une chose pour qu'elle marchât bien ;
toujours et partout ce dévouement et cette abnégation
constante ; toujours le même extérieurement, mais
grandissant sans cesse en vertus et en mérites. Ta
simplicité et ta modestie ne nous permettaient guère
de descendre dans ton âme, pour en pénétrer tous

les secrets. Oh! qu'elle devait être belle! Et combien ta piété et ta tenue à l'autel pouvaient servir d'exemple aux plus fervents!

« Tu étais le même partout. Quand j'ai eu le bonheur de t'avoir pour compagnon dans mon petit atelier naissant, quelles consolations et quels encouragements pour moi! Ton intelligence, ton infatigable dévouement, ton grand cœur, tout m'était acquis. En moins de six mois, tu sus te perfectionner dans ton travail et devenir excellent ouvrier. Je pouvais te donner la direction de tout l'atelier de l'imprimerie, et l'augmentation rapide de son personnel, en augmentant tes fatigues, ne faisait qu'exciter ton émulation. Jamais je n'ai eu à me plaindre de ton travail; tu étais toujours au-dessus de ce qu'on pouvait attendre de ton âge. A l'Imprimerie, comme au Cercle, tu apportais la même charité, la même abnégation; tu donnais toujours le bon exemple et si, aujourd'hui, l'esprit de l'atelier est bon et chrétien, je le dois en partie à ta collaboration. Le bon Dieu t'a enlevé de cette terre au moment où je mettais en toi mes plus grandes espérances. Le bon Dieu l'a voulu, je me soumets à sa sainte volonté. Ton âme était mûre pour le Ciel. Tu avais acquis de grands mérites en peu de temps et gagné ta récompense. Ton âme était prête à aller s'unir au bon Dieu, que tu aimais avec tant de foi et de simplicité.

« Je me permets encore de faire appel à ta bonne et sainte amitié pour ma famille, pour mon petit bébé, que tu portais souvent sur tes bras. Le souvenir que nous avons gardé de toi est un travail fait de tes propres mains, pendant l'heure de ta récréation, après ton repas de midi; combien il est précieux pour nous! Quel vide ton absence a fait parmi nous, car tu étais vraiment de notre famille. Nous priions souvent pour toi, je puis dire tous les soirs, quand tu étais à Lyon. Tu étais reçu chez nous comme mon propre frère. Le succès inespéré de nos affaires est le fruit sans doute, en grande partie, de tes saintes prières pour nous et pour l'atelier que tu aimais tant. Ta disparition est une douleur inconsolable et une perte irréparable. Tes prières nous manquent ici-bas; mais nous avons l'espérance et la consolation qu'elles seront encore puissantes là-haut. Ton vieil ami te les demande encore; il en a le plus pressant besoin pour la tâche que le bon Dieu lui a imposée et que tu devais partager avec lui. — Mon petit bébé t'envoie un petit baiser et demande tes prières pour lui et ses parents...

JEAN M...»

VI

Lettre de M. P..., aumônier du Cercle.

«... C'était un beau et digne jeune homme, ni trop grand, ni trop petit, vif, alerte, au regard noble et franc, au front élevé, à l'air toujours aimable et empressé à rendre service, au caractère gai et supportant parfaitement la plaisanterie.

« Pour l'âme, c'était une de celles que Dieu semble se réserver à lui seul, sur lesquelles il veille particulièrement et qu'il met ses soins à orner de vertus et à enrichir en peu de temps de beaucoup de mérites, en raison de la correspondance qu'elles lui offrent ; une de ces âmes qui ne semblent avoir d'attrait prononcé pour rien de terrestre, et qui se portent comme naturellement vers Dieu qu'elles savent trouver partout.

« Quand j'arrivai au Cercle, je ne remarquai pas d'abord Foudral. Il me fallut quelque temps pour l'apprécier à sa juste valeur. Du reste, il ne cherchait jamais à se faire distinguer, et se mêlait en toutes circonstances à ses camarades, ce qui fit que tout d'abord je ne l'aperçus point. Si la violette sait dérober sa fleur sous les feuilles, son parfum la révèle au jardinier vigilant. C'est ce qui m'arriva. Je ne fus pas longtemps à m'apercevoir de son exactitude à la confession chaque samedi. Sortant de bonne heure de l'atelier d'imprimerie où il travaillait, il arrivait l'un des premiers au Cercle et, après une préparation d'une dizaine de minutes, il approchait avec beaucoup de respect et de foi du saint tribunal de la pénitence. Depuis lors, jusqu'à son départ pour le service militaire, il ne s'est point passé un seul samedi qu'il ne fût fidèle à sa résolution de la confession hebdomadaire. Pendant son séjour à son régiment, à Lyon, il eut nécessairement de grandes difficultés matérielles à vaincre pour continuer ses bonnes habitudes de la confession et de la communion. Il s'approchait alors des sacrements le plus souvent qu'il pouvait.

« A partir du jour où, laissant à de plus ambitieux l'avancement militaire que ses connaissances et ses qualités lui donnaient certainement lieu d'espérer, il revint à Paris comme simple secrétaire d'état-major, retrouver son cher Cercle Montparnasse ; jusqu'au dernier dimanche qu'il a passé parmi nous, FOUDRAL ne manqua pas *une seule fois* la confession et la communion chaque semaine. Retenu quelquefois le dimanche matin à la caserne pour affaire de service, il arrivait au Cercle encore à jeun, vers dix heures et demie, me demander à se confesser et à recevoir la sainte communion pendant le repas de ses camarades. La fréquentation des sacrements est la source des vertus chrétiennes. C'est là que FOUDRAL puisait son infatigable dévouement. Il était, pour ainsi dire, partout, durant la journée et la soirée du Cercle, à tous les jeux, à toutes les réunions, à tous les exercices, sans chercher à se faire remarquer nulle part. Je le voyais à la conférence de Saint-Vincent de Paul débattre chaleureusement les intérêts de ses pauvres, sérieux et attentif aux actes divers qui s'accomplissent à cette touchante réunion, dont ce cœur vraiment chrétien goûtait tout le charme.

« Dans la cour, c'était lui qui savait le mieux exciter l'entrain pour les jeux à courir. Dans les salons, en cas de mauvais temps, on le trouvait encore à jouer, non pour lui-même, mais pour mettre en activité quelque partie qui lui paraissait languir. Tantôt il était à la grande salle à aider ou à diriger les organisations de nos fêtes, et tantôt à tenir un rôle sur la scène théâtrale, où l'on réclamait le secours de son jeu intelligent et enjoué, pour quelque grande soirée ou fête de famille; mais à l'heure de l'office, on était sûr de trouver encore Foudral à la sacristie, occupé à vérifier si tout était exactement prévu pour assurer le service divin.

« Il était membre de toutes les commissions organisées pour assurer la bonne exécution des divers services du cercle; mais celle qu'il avait le plus à cœur était l'association de Saint-Générosus, dont la mission est l'entretien et l'ornementation de la chapelle et le service à l'autel pour les cérémonies qu'il dirigeait à merveille. Ce fut, on peut le dire, son dernier travail au cercle, car c'est en quittant le service de la sacristie, le dimanche soir 25 janvier, qu'il se sentit atteint de la maladie qui l'enleva.

« On ne peut se figurer son esprit de prévoyance et
son zèle pour assurer la bonne exécution des fonctions
dont il était chargé. Souvent il m'arrivait, pressé
d'occupations, d'oublier de préparer la réunion du
Rosaire dont il avait le titre de vice-président; mais
Foudral y avait pensé et avait tout préparé. Il arrivait
avec le registre très en ordre de la liste des membres
et avec le programme de la séance écrit de sa main.
Il avait fait mon ouvrage très exactement, tout était
prêt. La séance était excellente, grâce à lui. Il l'avait
préparée sans bruit, sans impatience, sans reproches
pour personne, et au milieu d'occupations multiples
et incompatibles pour tout autre...»

VII

Note du Directeur du Cercle

Le 27 octobre 1878, le Cercle Montparnasse célébrait la fête traditionnelle de ses conscrits à la veille de leur départ. Jamais elle ne fut plus émouvante. Le Cercle presque tout entier était réuni pour la messe, dite à l'intention de ses nouveaux et de ses anciens soldats. Un grand nombre de ces derniers avaient quitté leur garnison, pour plusieurs, assez éloignée de Paris, afin de se réunir à leurs camarades. La bannière du cercle était arborée au chœur, auprès de la châsse des saints militaires martyrs. Les chants religieux furent remarquablement exécutés, la communion, nombreuse et recueillie; et le déjeuner qui suivit la messe, plein d'entrain et de cordialité. Toute la journée fut empreinte de cette affectueuse intimité, qui est le caractère et le charme particulier de nos réunions. Les salons étaient pleins d'animation; mais surtout la partie du jardin réservée aux jeux à courir, car les jeunes conscrits formaient la tête de la troupe des plus intrépides joueurs, et ils avaient voulu, pour la dernière fois, marquer d'un entrain spécial leurs joyeux ébats.

L'instruction religieuse, faite par un aumônier militaire, ancien officier de l'armée, eut pour objet les devoirs du soldat chrétien. Malgré les difficultés de la profession, le digne prêtre établit que, par une attitude ferme et l'esprit de discipline, le jeune homme peut rester fidèle à Dieu, et remplir tous ses devoirs militaires.

Le banquet qui suivit fut charmant. Presqu'aucun ancien qui ne fût porteur de galons plus ou moins reluisants ; et sur l'uniforme de plusieurs brillait même l'épaulette d'or. Les conscrits portaient tous pour insigne distinctif, une cocarde. Les premiers toasts furent portés par ceux-ci à leurs devanciers au service de la patrie. — Les aumôniers militaires ne furent point oubliés. Avant le lever du rideau pour la représentation dramatique qui terminait la fête, une parole autorisée exposa avec une chevaleresque éloquence, la dignité du service militaire, l'honneur de porter l'uniforme, et la grandeur de l'institution de l'armée dans notre organisation sociale. Rien de plus nécessaire aujourd'hui que de relever dans le peuple, la grandeur du dévouement militaire et du sacrifice du sang pour le pays. Le progrès des idées révolutionnaires tend à détruire de plus en plus dans les masses le sentiment patriotique. L'amour du pays disparaîtrait bientôt en France avec les croyances, si le zèle chrétien et le sentiment national, si

vivant dans les œuvres catholiques, ne s'efforçaient
de combattre cette influence fatale de la révolution.
C'est un des principaux efforts de l'Œuvre des Cercles
catholiques d'ouvriers, de prémunir la jeunesse ouvrière contre ce désolant affaiblissement de l'esprit
français, et c'est la pensée qui a présidé à l'institution
de notre patriotique et chrétienne Fête des conscrits
et des militaires.

C'est toujours une grande épreuve pour la vie d'un
Cercle, comme pour une famille, que le départ de cette
jeunesse, qui en est la joie et la couronne. Cette fois
surtout, le sacrifice était particulièrement douloureux. Plusieurs de ces jeunes gens, membres du
Conseil intérieur, étaient remarquables par la piété
la plus édifiante, l'entrain le plus joyeux, la cordialité la plus fraternelle, l'attachement et le dévouement le plus absolu au Cercle.

On ne peut se figurer, quand on n'en a pas fait
l'épreuve, ce que le cœur de l'ouvrier chrétien con-
tient à la fois d'élévation de sentiment, de bonté de
cœur et d'intarissable gaieté. La pièce représentée
à la soirée récréative qui termine la Fête des conscrits, était un épisode fantastique de la prise de
Pékin, intitulée Fich-tong-Kang. Naturellement le
principal rôle comique était celui d'un zouave français. Le conscrit qui le remplissait fit tout le succès
de la représentation par son incomparable entrain ;
ce conscrit, c'était ÉMILE FOUDRAL.

Son départ avait lieu le dimanche qui suivait la
Toussaint, où la messe est dite pour le repos de
l'âme des membres du Cercle et de ses bienfaiteurs
défunts. Dans la journée a lieu la visite des tombes

de nos morts dans leurs différents cimetières. Or, le dimanche où nous vîmes ÉMILE FOUDRAL pour la dernière fois et qui précéda sa mort, une cérémonie funèbre pour les militaires avait été également célé bréé au Cercle.

Ce fut donc le Dimanche 3 novembre, à deux heures, qu'eut lieu le départ de FOUDRAL. Une trentaine de ses camarades l'accompagnèrent jusqu'à la gare de Lyon. Inutile de dire que le trajet se passa au milieu d'entretiens qui n'avaient rien de mélancolique. Le Directeur s'échappa du Cercle, courut à la gare pour le revoir et l'embrasser encore.

Je retrouve au procès-verbal hebdomadaire de nos réunions les notes de ce jour. Elles sont habituellement fort courtes; cette fois elles remplissent plusieurs pages; je les transcris telles qu'elles furent écrites sous l'impression du moment. On les lut, selon l'usage, à la séance du Conseil intérieur, et elles parurent si conformes au sentiment général, que les conseillers demandèrent que lecture publique en fût donnée à la plus prochaine Assemblée mensuelle des sociétaires.

VIII

Extrait des Procès-Verbaux des Réunions
du Cercle Montparnasse

3 Novembre 1878.

« Le départ des conscrits, surtout de FOUDRAL, a
été très émouvant. Une trentaine au moins de membres du Cercle l'ont accompagné jusqu'à la gare de
Lyon. Il est parti avec courage ; mais malgré lui, les
larmes jaillissaient de ses yeux. Membre du Cercle
depuis cinq ans et demi, conseiller depuis dix-huit
mois, il est un des membres de l'Œuvre qui ont le plus
parfaitement réalisé le type du jeune ouvrier chrétien ;
durant tout le temps de sa présence parmi nous, il ne
donna jamais lieu au moindre reproche ; au contraire,
il était l'objet de l'estime de tous par la réunion des
qualités naturelles les plus aimables et la pratique des
vertus chrétiennes. Ses qualités principales étaient
l'égalité et la douceur de caractère, la gaieté la plus
expansive, la générosité et la bonté du cœur. Long-

temps président de la Commission d'entrain pour les
jeux, il lui avait donné son cachet d'ardeur infatigable
et d'abnégation entière pour le bien du cercle. Sa
manière de diriger les séances était remarquable. Il
joignait à un vrai sentiment du devoir un esprit de
prévoyance et une faculté de mémoire inappréciables,
au milieu des services compliqués dont il était chargé.
Jamais nos jeux du jardin ne furent plus animés que
de son temps. Cérémoniaire à la chapelle, il suppléait
le président de l'association de Saint-Génerosus,
très absorbé par l'atelier qu'il venait de former et par
un prochain mariage. Il pourvoyait presque à lui seul
à toutes les branches si multipliées du service de la
sacristie. Il était membre assidu et exact de notre
conférence de Saint-Vincent de Paul. Il veillait à la
gymnastique et en général à tous les jeux extérieurs,
organisait les courses et les fêtes foraines, vérifiant
à l'avance tous leurs détails et suppléant les com-
missaires absents. Il était encore membre de la commission des nouveaux. Au milieu de toutes ces fonctions, qui trop souvent retombaient entièrement sur
lui, par suite du peu de zèle ou de l'insouciance de
certains dignitaires, jamais il n'avait une plainte,
un mouvement d'impatience ou d'humeur; et si son
devoir l'obligeait à quelque remontrance à ceux qui
avaient abandonné leur poste, c'était toujours en
souriant et gaiement.

« On recourait souvent à lui pour les récréations
théâtrales. Il réussissait également dans les rôles
sérieux et dans les rôles comiques. Il savait ses
rôles, et ne comptait point, pour les apprendre, sur
les répétitions, ni pour les dire, sur le souffleur. Il

était doué d'ailleurs d'une excellente mémoire ; mais il avait surtout le sentiment du devoir le plus délicat et le plus courageux. Il était fidèle dans les petites choses, selon le précepte de Notre-Seigneur, pour le devenir plus aisément dans les grandes. On peut se demander comment il faisait pour suffire à tant de travaux.

« Notons encore que, si chargé qu'il fût par ses fonctions au Cercle, jamais son dévouement ne porta préjudice à ses devoirs de famille et d'état. Il se réservait au moins une soirée par semaine pour rendre visite à ses sœurs et à ses beaux-frères.

« Comme ouvrier, il avait la confiance entière de son patron, et remplissait par le fait les fonctions de sous-directeur de l'imprimerie Saint-Générosus sans en porter le titre. Attaché spécialement aux presses, personne ne lui contestait néanmoins le droit de sur-veiller l'exécution des autres travaux, lorsque son maître, son meilleur ami, était absent. Il veillait très tard, passait même une partie des nuits au tra-vail, par dévouement à cet atelier chrétien, dont il poursuivait la réussite avec non moins de zèle que son fondateur. Opposé de caractère avec lui, ayant une nature aussi douce et facile que le patron en pos-sédait une tenace et inflexible, il apportait dans leurs rapports mutuels une patience et un esprit de support, qui devaient être un triomphe méritoire sur son tempérament sensible et ardent.

« Il avait été formé à bonne école, car Foudral avait été l'élève et l'ami le plus cher du pauvre Victor Chauvigné, enlevé si rapidement à notre affection par une violente fièvre typhoïde pendant son service de vingt-huit jours. Ils avaient le même esprit de régularité dans la conduite et de fidélité au devoir. S'il n'avait pas eu sa famille à Paris, on eût pu dire de lui ce que l'on avait constaté chez son ami Chauvigné, c'est que durant les trois années de son habitation au Cercle, il n'était point sorti une seule fois dans Paris pour satisfaire sa curiosité, ou pour prendre quelque distraction.

« Une fois, cependant, il sortit de ses habitudes auxquelles, du reste, le règlement du Cercle ne l'obligeait pas. Accompagné d'un conseiller et de deux camarades intimes, il s'absenta un dimanche et passa presque la journée entière à visiter l'Exposition universelle de 1878. Comme cette escapade avait été concertée et exécutée sans prévenir ni le Directeur, ni le Président du Cercle, le Directeur adressa quelque remontrance à ses camarades, et à son égard s'abstint de toute observation.

« Quelque temps après, en un jour de semaine, surpris de rencontrer FOUDRAL avec ses habits du dimanche, et se disposant à sortir.

« — Où allez-vous donc ainsi, lui demanda-t-il?

« — A l'Exposition.

« — Comment, en semaine, et sur le temps de votre travail!

« — Oh! j'aime bien mieux perdre une demi-journée que d'y aller le dimanche et me faire gronder.

« — Mais je ne vous ai rien dit.

« — C'est possible, mais j'aimerais mieux perdre cent sous, que de vous voir me faire la mine que vous aviez ce jour-là. »

« Ainsi se sont passées sous nos yeux, à l'ombre du

Cercle, les années de quinze ans à vingt ans si péril-
leuses pour un jeune homme. Il ne fut point toujours à
l'abri du danger, comme dans le pieux atelier de Saint-
Générosus qui n'est fondé que depuis dix-huit mois ;
car, jusqu'à cette époque, Foudral avait travaillé
pendant quatre années comme margeur ou leveur de
feuilles, dans une très grande imprimerie. Chacun
sait la valeur morale de cette classe de petits ma-
nœuvres, en général, on peut le dire, le rebut des
ateliers. C'est dans ce milieu immoral et impie que
ce noble enfant a passé les années les plus difficiles
de la jeunesse, avec une pureté de mœurs que l'on
pourrait presque dire angélique. Cela semble un
miracle, et en effet, on pourrait l'affirmer, mais un
miracle qui est à la portée de tout le monde. Foudral
a communié régulièrement tous les huit jours pendant ces années d'épreuves. Tout le monde peut en
faire autant, puisque le Seigneur a dit : « Venez tous
« à moi ». Donc, ce portrait tracé avec tout notre cœur,
mais sans exagération aucune, et qui serait plutôt au-
dessous de la vérité, c'est l'effet de la communion fréquente et le miracle que produit l'union avec Notre-
Seigneur Jésus-Christ. Cette force de caractère,
cette fidélité, cette douceur, cette charité, ce dévouement pour tous, et surtout cette délicieuse simplicité
presque enfantine, ajoutant à tout cet ensemble de
vertu le charme suprême de s'ignorer elle-même —
tout cela est dû indubitablement à la communion fréquente, régulière, soutenue par la fidélité
au devoir. Foudral communiait souvent, mais il
se sacrifiait sans cesse. Et comme il priait ! Nous
n'oublierons jamais son attitude au pied de l'autel

après avoir servi la messe et communié. Quelle simplicité de foi, quel recueillement respectueux et profond ! C'était véritablement un ange à l'autel.

« Et c'est pourquoi, à peine sorti de la chapelle, Foudral était si ardent, si infatigable, si bon pour tous, avec ce sourire joyeux, épanoui, qui reflétait toute son âme, et que ceux qui l'ont connu n'oublieront jamais. Le Sauveur Jésus avait marqué cette âme d'un sceau tout particulier à cause, sans doute, de sa grande pureté. Il l'avait distingué entre tous les jeunes compagnons de ce Cercle. Foudral avait pris pour son modèle Jésus Ouvrier, et Jésus Ouvrier s'était complu à réfléchir son image divine en cette âme pure et transparente, et même sur ce visage resplendissant de la paix du cœur.

« En essayant de fixer sur ces pages les reflets de cette belle âme, j'en parle au *passé*, comme si ce cher enfant n'était plus de la terre. Hélas ! il y est encore, exposé à bien d'autres épreuves que celles dont il avait triomphé jusqu'ici par la grâce du Seigneur. Il est seul aujourd'hui. Il est comme séparé de Dieu et de ses frères, dont l'amour fortifiait doublement son cœur. Espérons que Dieu le protégera dans l'abîme de périls où il se trouve plongé, comme il a préservé les enfants dans la fournaise, et qu'il nous restera ce qu'il est. Et, peut-être, cette âme si parfaitement docile à la volonté de Dieu, et si obéissante, grandira en mérites et en grâces au milieu de ces combats, et nous reviendra comme chargée des palmes de ses victoires ; mais en attendant, le Cercle ne le possède plus : il ne le voit plus, il ne l'entend plus. Il a perdu son éclat de rire et son sourire, ses regards si accueillants, ses bonjours si francs, ses cris joyeux, son activité entraînante : tout cela est pour nous perdu ; ou tout au moins en sommes-nous privés, Dieu seul sait pour combien de temps.

« Marie, reine des anges et des âmes pures, saint Générosus, l'humble martyr, pour la gloire duquel il a tant travaillé, et qu'a si bien prié, auprès de ses reliques, notre cher exilé, Jésus Ouvrier son modèle, tous nos saints protecteurs du Cercle, le protégeront ensemble, et nous garderont ce trésor. Il faut que nous l'obtenions du Seigneur ! »

IX

Lettres du Régiment.

« Annecy, le 7 Novembre 1878.

. « Cher Directeur, me voici enrégimenté ; je vous
écris de chez les personnes qui doivent me coucher, et
comme je ne veux pas trop les gêner, je vais être le
plus bref possible. Je suis très bien arrivé à Genève,
quoique j'aie dû subir trois heures de retard en route ;
je n'ai eu que le temps d'embrasser mes parents, et
ce matin à 11 heures, je suis arrivé à Annecy. Demain
nous partons à 6 heures du matin pour Lyon, où je
dois passer le temps que le bon Dieu voudra bien m'y
faire passer. Le dépôt n'est plus à Vienne, mais à
Lyon. Quant à m'ennuyer, je n'y pense pas encore,
et j'espère que cela n'arrivera pas...

« Émile FOUDRAL. »

« Lyon, 24 Novembre 1878.

« Cher Directeur, au moment de répondre aux deux
lettres si paternelles que votre bonté et votre sollicitude pour moi vous ont dictées, je suis sous le poids
d'une émotion telle que les larmes m'en viennent aux
yeux, et que tout ce que je puis vous dire, c'est merci,
mille fois merci, pour tous ces témoignages d'affection que vous me prodiguez ; merci, surtout, pour vos
bonnes prières ; car dimanche dernier à huit heures
et demie, lorsque vos vœux et vos prières montaient
vers le Seigneur, à ce moment le sergent de semaine
est entré dans la chambrée pour dire aux jeunes
soldats qu'il leur était défendu de sortir avant cinq
heures. Je m'étais déjà arrangé afin de pouvoir aller
à la messe à 11 heures, avec mon camarade de lit,
de la classe de 76 qui, ayant trouvé en moi le reflet
de ses convictions religieuses, était tout heureux de
pouvoir m'accompagner ; et puis voilà une impossibilité de sortir ! Vers midi, ayant tout mon *fourbi* en
ordre, je vais trouver ce sergent : je lui fais voir ma
planche, et ceci l'ayant satisfait, il me dit : « Mon
garçon, vous pouvez sortir ». Je prends mon shako,
mon ceinturon, et en avant, marche ! La veille, au
moment où je lavais à la fontaine mes mouchoirs,
chaussettes et essuie-main, j'avais reçu une lettre
du directeur du Cercle de N... m'invitant à venir dans
la journée du dimanche. Je me dirige du côté de ce
Cercle. Directeur et Président étaient absents. Ne
sachant que faire, je sors l'oreille basse ; et comme

il était près d'une heure et demie, je me dis : « Tu
n'as pas entendu de messe, il faut aller rendre visite
à Notre-Seigneur. » L'église Saint-Bruno, ou des
Chartreux, étant à quelques minutes, j'entre me jeter
au pied du Très Saint Sacrement exposé sur l'autel,
où trois ou quatre adorateurs seulement lui rendaient
hommage. Je commençai par réciter une dizaine de
chapelet, et avant d'avoir terminé cette dizaine, notre
petite chapelle du Cercle se présente à mon imagination ; puis, votre figure, puis, celle de G... ; ces
trois souvenirs si chers me serrèrent tellement le
cœur que des larmes abondantes coulèrent de mes
yeux. J'essayai de chasser ces souvenirs qui m'im-
pressionnaient si vivement en priant pour le Cercle
en général, et en essayant de passer en esprit la
revue de tous les visages des bons membres du
Cercle ; mais ce fut en vain, le vôtre et celui de ce
bon G... étaient toujours là. Je priai pour vous de
tout mon cœur pendant près d'une heure, essuyant
de temps en temps mes larmes ; je ne pouvais pas m'en
aller, tellement ces larmes étaient douces ; mais un
moment, je crus que j'allais me trouver mal, je me
levai brusquement et je sortis du saint lieu. Le grand
air calma mon émotion et j'allai me promener du côté
du Rhône : l'air vif et froid de ce fleuve finit par me
remettre complètement, et à cinq heures je rentrai à
la caserne plus gai que je n'en étais sorti.

« Pourquoi ces pleurs et cet abattement momen-
tané ? Je supporte assez patiemment les contrariétés
du métier ; je ne m'ennuie pas, je suis toujours gai,
toujours prêt à plaisanter sur tout ce qui se passe, je
n'y comprends rien.

« Pour achever mon histoire de mon entrée au Cercle, je vous dirai qu'à cinq heures et demie, j'y suis retourné. Le directeur, qui se trouvait au contrôle, qui lui sert en même temps de bureau, avant que j'aie eu le temps de lui dire qui j'étais et ce qui m'amenait, me dit aussitôt : « Vous êtes le soldat recommandé par M. M..... Et il s'empressa de m'inscrire et de me présenter à un conseiller. Celui-ci me fit visiter le petit local du cercle, avec une cordialité qui ressemblait à celle de M... dans ses moments de bonne humeur. A six heures le salut fut donné dans la chapelle, qui se trouve comme dans beaucoup de sociétés, à l'extrémité de la salle de récréation. C'est là que, pour la première fois depuis trois semaines, j'entendis parler du bon Dieu et de la prière. Je ne pleurais plus, j'éprouvais une joie facile à comprendre ; j'avais retrouvé une famille d'ouvriers chrétiens et un père dont les bras et le cœur m'étaient ouverts.

« Après le salut, avec un sang-froid et un aplomb que les Parisiens seuls possèdent, j'aborde un billard où deux jeunes filateurs se disputaient la victoire à force de *blanc*, et je leur demandai gracieusement s'ils voulaient me permettre de jouer avec eux :

« — Parfaitement me répondirent-ils ; et aussitôt, la partie s'engagea en même temps que la conversation.

« — Vous êtes Parisien, me dit l'un d'eux ; j'ai habité Paris pendant sept ans et je reconnais cela à votre accent.

« — Nonobstant votre respect, lui dis-je, je suis Savoisien ; mais j'ai habité Paris pendant près de six ans ! »

« Et de fil en aiguille, ils m'ont battu, je les ai battus ; nous avons fait connaissance, et nous nous sommes quittés comme on se quitte le dimanche soir au boulevard Montparnasse, 126.

« Maintenant, parlons un peu du métier. J'ai reçu l'ordre, mardi, de changer de caserne et d'aller à la 4ᵉ du 2ᵉ, comme assimilé aux conditionnels. Le mardi soir, après la soupe, j'ai pris mon sac, mon lit, ma paillasse, mon matelas, mon traversin, mes draps, ma couverture, mon couvre-pieds, mon fusil, mon sabre-bayonnette et ma gamelle, et je suis allé coucher à la caserne du Bon-Pasteur. C'est assez réussi, n'est-ce pas, un déménagement de troupier, surtout lorsque les deux casernes ne sont pas très éloignées..... Voici l'ordre du jour : 6 h., lever ; — 7 à 9, exercices ; — 9 h., gamelle ; — midi, appel dans la cour ; — midi 1/2 à 2 h. 1/2, exercices ; — 3 h. à 5 h., théorie ; — 5 h., gamelle ; — 5 h. 1/2 à 7 h. 1/2, étude de la théorie, service de place, etc. ; — 9 h., coucher. En suivant le cours des conditionnels, j'ai beaucoup plus d'ouvrage en semaine ; mais le dimanche, si l'on observe le règlement, je dois être libre à partir de 10 heures. Aujourd'hui je suis libre, je suis allé à la messe, je suis monté à Fourvière et j'ai acheté une photographie que je vous envoie. C'est dans la salle de lecture du Cercle que je vous écris cette lettre. Bien des amitiés à, etc., etc. Adieu, cher père, je vous embrasse. Votre enfant... »

« 8 Décembre 1878.

« ... J'ai eu aujourd'hui le bonheur de me confesser et de communier au Cercle de N... — Je crois, si je ne me trompe, que jamais je n'avais tant désiré cet heureux moment ; vos prières et celles de mes amis du Cercle et de l'atelier m'avaient préparé à recevoir Celui dont on doit faire la sainte volonté. Oui, tous les jours je sens que des cœurs dévoués prient pour moi ; mais le dimanche surtout, je ne puis empêcher une certaine émotion de me saisir et de me transporter au milieu de vous ; merci, mille fois, merci, à vous et au Cercle de toutes ces bonnes prières... »

« 20 Décembre 1878.

« *A M. P..., Aumônier du Cercle Montparnasse.*
« ...Combien je vous suis reconnaissant de m'avoir fait goûter les charmes d'une vie régulière, et d'avoir su me faire comprendre que la confession et la communion de tous les dimanches étaient le seul moyen pour rester bon ; maintenant que, séparé de vous, je ne puis plus vous entendre, je repasse dans ma mémoire tous ces bons conseils que vous m'avez donnés, et ce souvenir me suffit pour me faire supporter patiemment toutes les petites misères de mon nouvel état... »

« 21 Janvier 1879.

« CHER LÉON,

«... Je t'écris ces quelques mots pour te mettre au courant de mes petites affaires et des misères du métier. Quand on est seul, la souffrance est terrible ; mais si l'on est deux pour supporter le malheur, le mal est diminué de moitié.

« Je te disais dans ma dernière lettre que je devais aller en permission et c'est ce qui est arrivé. J'ai eu six jours de liberté pendant lesquels je m'en suis donné à tire-larigot ; et tu le comprends, quand on a passé cinq ans dans une maison bénie comme celle qui nous a fait connaître et qui nous a fait aimer et estimer l'un l'autre, parce que nous étions chrétiens, et que l'on se trouve ensuite dans une caserne, seul de son idée, l'on sent la tristesse et l'ennui essayer d'entrer dans le cœur. Et, si Dieu ne nous aidait pas par la voix de notre ange gardien, qui est toujours là pour que le chrétien sache qu'il n'est jamais seul, nous serions tentés de suivre le courant de cette nouvelle vie qui s'ouvre devant nous.

« Mais si, pendant cette lutte journalière, contre les mauvais exemples qui, sans cesse, viennent se présenter à nos yeux, nous trouvons un moyen de nous y soustraire, tu peux comprendre quelle joie on éprouve. Et puis, voir ses parents, ses amis, ses petits neveux et ses petites nièces, c'est une chose bien douce au cœur de celui qui, pendant plusieurs années, en a été séparé.

« Mais les jours se suivent et ne se ressemblent pas. Et il a fallu revenir où le devoir m'appelait, et recommencer de plus belle...

« Nous n'avons plus de neiges depuis le jour de l'an, et le temps s'est un peu radouci. Et puis on commence à être un peu à la hauteur, comme dit mon sergent. Ce qui m'ennuie le plus, c'est que le Dimanche on ne peut pas sortir avant dix heures un quart ou onze heures, et quand je veux remplir mes devoirs religieux (tu sais ce que je veux dire), c'est à peine si je puis déjeûner à midi ; mais un soldat ne doit pas y regarder de si près. On n'a pas de récompense sans peine ni sans combats.

« Je n'ai pas besoin de t'encourager pour t'aider à supporter les misères de la vie de troupier ; tu es assez chrétien pour savoir trouver ce qu'il faut pour t'aider en cela... »

« 30 Janvier 1879.

« ... Je puis dire que le plus dur est passé et que maintenant je suis fort au métier. *Je n'ai pas encore eu une heure de punition.* »

« 9 Février 1879.

« Bien cher Père,

«... J'ai été très surpris, et surtout fort peiné, en lisant votre dernière lettre, de voir dans quelle anxiété je vous ai laissé depuis deux mois. J'ai aussitôt repassé dans ma mémoire, et j'ai relu ensuite vos dernières lettres ; je n'y ai trouvé qu'une causerie paternelle qui m'a un peu réjoui le cœur, mais des demandes sur ma vie spirituelle, je n'en ai trouvé aucune.

« Bien avant dans la nuit cette chose m'a empêché de dormir ; et alors, je me suis demandé pourquoi je ne vous parlais que du matériel depuis quelque temps, et je me taisais sur ce qui vous tient le plus au cœur, le spirituel.

« Voici, bien cher Père, le résultat de mon examen ; et pour vous bien faire voir que je n'éprouve aucune répugnance à vous dire dans quel état je me trouve, je vais même entrer avec vous dans les plus petits détails.

« De mon naturel, je suis porté à la vanité et à me croire beaucoup plus que je ne suis. Depuis longtemps je lutte contre ce vilain défaut et j'ai beaucoup de peine à le maîtriser : en voyant que vous vous occupiez de moi, j'ai senti quelques mouvements d'orgueil me monter au cœur. Dieu merci, à l'aide de la grâce, cette enflure a disparu aussi vite qu'elle s'était montrée ; mais voilà que je reçois une lettre d'un camarade qui me parle d'une lettre que vous avez lue au Cercle : il ne sait comment s'exprimer pour me faire comprendre combien cette lettre l'a impressionné, et combien mon départ avait fait un grand vide dans le Cercle.

« Maintenant que vous connaissez mon défaut capital, vous pouvez juger de l'effet que de telles déclarations peuvent produire sur mon âme ; et voilà pourquoi, pour éviter ces petites choses qui pourraient s'aggraver, j'ai petit à petit cessé de parler du spirituel pour ne plus m'entretenir avec vous que du matériel.

« Mais voyant le chagrin qu'involontairement je vous ai causé, je ne puis me taire plus longtemps, car maintenant j'ai un double but : celui de vous rassurer sur mes idées religieuses qui, grâce à vos bons conseils et à la protection divine ne sont pas prêtes à s'éteindre ; celui de me consoler, car je serais désolé de vous savoir chagriné par ma faute, et de ne pas faire mon possible pour faire cesser votre chagrin.

« Maintenant que ma confession est terminée, je vais vous répondre question par question ; mais je vous en prie, ayez bien soin de ne pas le publier, non pas que je craigne les railleries, elles n'ont jamais fait qu'augmenter mon courage et me raffermir dans mes idées ; mais afin d'éviter pour moi ce que je vous ai expliqué plus haut.

« Depuis le 20 novembre, je n'ai manqué la messe que deux fois. Dimanche, 2 février, retenu a la caserne par un mal au pied, impossible de sortir.

Et aujourd'hui la compagnie est de corvée d'incendie. Personne ne sort par suite de l'inconduite de
certains sergents. Cette situation se présente tous
les quatre dimanches. Les dimanches précédents
j'avais demandé la permission de sortir ; mais, vu
l'état actuel, le capitaine a formellement interdit les
sorties les jours de corvée d'incendie.

« Dès mon arrivée au régiment, j'ai conclu avec
M. l'abbé T... de me confesser et de communier
tous les quinze jours. Mais M. l'abbé T.... est
occupé à la paroisse des Chartreux, et ne peut venir
au Cercle le samedi soir qu'après neuf heures. Il
m'est impossible de m'y trouver : bref, deux fois sur
cinq, j'ai pu tenir à mon engagement. Depuis la
semaine dernière, en raison des empêchements
qui résultent soit de ma position, soit de celle de
mon confesseur, j'ai pris la résolution de me confesser tous les samedis quand j'en trouverais l'occasion, et de faire la sainte communion aussi souvent
que je le pourrais. Exemple : hier je me suis confessé ;
aujourd'hui, non seulement je ne puis pas communier, mais je ne peux pas entendre la sainte
Messe, après m'être gêné pour me confesser le
samedi, le seul jour de la semaine où je puisse sortir
de 7 à 9 heures moins le quart. Je vais vous expli-
quer comment je fais pour pouvoir communier.
Pensez un peu, cher Père, ce qu'une plâtrée de
pain, de pommes de terre et de bouillon, accom-
pagnée d'un petit morceau de viande, plus ou moins
appétissant peut faire pour rassasier un estomac de
vingt et un ans, et quand on a un appétit féroce,
comme celui que je me connais depuis que je suis à

la gamelle ! Eh bien, lorsque je veux communier
le lendemain, je ne mange rien depuis quatre heures
et demie du samedi soir, heure de la soupe. Si par
malheur je mange un morceau de pain avant de me
coucher, j'en ai jusqu'à onze heures de la nuit avant
de pouvoir m'endormir, ayant été habitué depuis
l'âge de 15 ans à ne faire que deux repas par jour.

« Le dimanche matin, je commence par faire cadeau
de mon quart de café à mon camarade de lit ; — à
neuf heures, malgré les tiraillements de l'estomac, je
donne ma soupe à un bon camarade qui se trouve
dans mon escouade ; — à dix heures, je m'apprête à
sortir et, suivant la longueur du rapport, je suis
obligé d'attendre jusqu'à dix heures et demie, onze
heures ou onze heures et quart. Pour pouvoir sortir le
jour de Noël, j'ai attendu jusqu'à onze heures et demie.

« Je cours au Cercle, et je demande à M. l'abbé T...
de me donner la sainte communion, ce qui nécessite
au moins une demi-heure, de sorte que, générale-
ment, je ne puis déjeûner avant onze heures et demie
ou onze heures trois quarts. La dernière messe est
dite à midi aux Chartreux et dure jusqu'à une heure et
quart, à cause du sermon. Jugez maintenant : depuis
quatre heures et demie du soir jusqu'à onze heures
et demie du lendemain sans manger ; un quart d'heure
ou vingt minutes pour déjeûner, à mes frais naturellement, car il ne faut pas penser à retourner à la
caserne pour manger ma gamelle ; à neuf heures et
demie, elle n'existe déjà plus.

« Le jour de Noël, je n'ai pu communier au Cercle,
et j'ai dû aller à l'église des Chartreux communier un
quart d'heure avant la messe de midi. Vous ne pou-

vez vous figurer quel effet cela m'a fait d'être seul à une longue table de communion, devant un grand autel garni d'immenses candélabres et de souches d'une hauteur triple de celles de la chapelle du Cercle, et dans un si vaste édifice !

« Voici maintenant ma conduite journalière. Tous les matins, en me levant, j'offre à Dieu, par le Cœur Immaculé de Marie, toutes les prières, les peines, les souffrances de la journée qui commence. Je fais mes prières en allant à l'exercice, et quand le froid me fait sentir son aiguillon, j'offre de bon cœur mes souffrances à Dieu, en expiation de mes péchés. Une fois rentré à la caserne, tous ces maux disparaissent et *je suis le plus gai de la chambrée.*

« Pour ce qui est des attaques contre la religion, personne ne m'a encore rien dit ; mais tout le monde connaît mon aversion pour toutes les chansons déshonnêtes et ces conversations honteuses qui, malheureusement, sont à l'ordre du jour dans la caserne. Dernièrement, un type m'ayant adressé une question de ce genre, lorsque presque toute la chambrée était réunie autour du poêle, je lui ai répondu ce que méritait sa demande, et j'en ai profité pour traiter d'abrutis, de mal élevés et de gens sans honneur, ceux qui ne pouvaient pas tenir une conversation, ni chanter une chanson sans attaquer les mœurs.

« Depuis ce jour-là, personne ne m'a questionné, et lorsqu'ils me parlent, jamais ils ne se servent de termes déplacés ; moi de mon côté, j'agis de même. Il faut vous dire que ma chambrée n'est composée que de jeunes soldats, à l'exception de deux qui ne sont pas mauvais. Il ne faudrait pas vous imaginer que les chambrées sont toutes comme celle-là.

« Maintenant vous comprenez pourquoi mes dernières lettres avaient un caractère si gai, tout en laissant de côté les principes...

« Pardonnez-moi, cher Père, de vous avoir fait souffrir si longtemps ; croyez toujours à la sincérité et à l'affection de votre indigne enfant en N.-S. »

« 15 Février 1879.

«... Le 6, tu m'écrivais une lettre, où tu me disais que plus j'aurais de peine et plus le bonheur serait grand quand je serais de retour. Pendant toute la nuit précédente, je n'avais fait que de rêver que j'étais à Paris en épaulettes blanches, entouré de tous mes camarades du Cercle me questionnant, surtout les futurs troupiers ; les uns et les autres voulaient voir mes épaulettes blanches et se les arrachaient des mains. Puis, nous sommes descendus dans le jardin, et là je remplaçais S..., j'étais professeur de gymnastique, toujours en épaulettes blanches. Ma joie était immense, et puis, tout a disparu au réveil. On eût dit que j'avais senti venir ta lettre.... Demain, pour la première fois, le quartier est déconsigné à 8 heures du matin ; je pourrai maintenant continuer à remplir sans difficulté mes devoirs religieux. Demain, pendant que vous serez au Palais-Royal, moi je serai, si Dieu le permet, auprès de l'autel, rue Negret, où j'offrirai pour mes trois nouveaux confrères du Conseil mes faibles

prières qui, unies au sacrifice d'un Dieu, pourront
être d'un grand prix : ce sera mon seul moyen de
vous remercier tous de l'affection que vous me
témoignez... »

« 8 Mars 1879.

« ... Je viens d'épater la 4me du 2me. Nous
sommes allés à la cible mardi dernier. Sur six balles
délivrées à chaque homme, la plupart en ont mis
deux dans le noir, à cent mètres. Moi, en franc tireur
qui n'avait jamais touché qu'à la carabine du Cercle,
j'ai mis mes six balles dans le noir, à l'exemple de
notre lieutenant et d'un autre soldat... ».

« 5 Avril 1879.

« ... Vous savez la terreur qui m'a saisi le jour où le
commandant du bureau de recrutement de Lyon me
fit subir un examen auquel j'étais loin de m'attendre.
Le 26 mars, nous allions, pour la première fois, en
terrains variés, exécuter les mouvements de tirail-
leurs qui sont très fatigants à exécuter ; et au lieu de
rentrer à la caserne à neuf heures, comme nous en
avions l'habitude, nous rentrons à neuf heures et
demie. En arrivant le sergent me donne un ordre
venant du recrutement, et sur lequel je vois qu'à
dix heures je devais être au quai de la Vitrolerie, à

trois quarts d'heure de la caserne. Comment faire ?
Il est neuf heures et demie, je n'ai rien mangé. Il
faut changer d'habits, les astiquer, etc. Sur le moment, je ne savais que faire. Bref, je me dépêche
le plus que je peux, et à onze heures au lieu de dix,
j'arrive tout effaré au bureau en question. L'on
m'attendait. Deux soldats, pour le même motif,
étaient déjà assis devant un bureau, la plume à la
main. Aussitôt arrivé, on me donne aussi une plume
(qui traînait là depuis trois mois au moins),
et « Écrivez ». J'ai fait une page affreuse, je
tremblais comme un assassin qui tombe entre les
mains de la justice : bref, au premier coup d'œil, j'ai
été boulé ; au contraire, ceux qui étaient avec moi,
après avoir subi un interrogatoire sur l'histoire de
France et la géographie, furent acceptés ; pour moi,
je ne fus pas même interrogé. En allant, j'avais
invoqué l'aide du bon saint Joseph, et comme nous
étions dans le mois de mars, ma réussite me paraissait certaine. En revenant, j'avais le cœur serré,
mais non découragé, et je me disais : « Dieu l'a voulu
ainsi : il faut me résigner », et je suis rentré à la
caserne dans ces sentiments.

« Un de ceux qui avaient passé avec moi, et à qui
j'avais conté comment j'étais demandé à Paris,
parla au major chez lequel il était employé. Celui-ci
me fit une nouvelle lettre de présentation pour le
vingt-huit, et pour recommencer ce jour-là mon
examen.

« Il y avait cinq ans que je n'avais regardé une
histoire de France ; de même, pour la géographie.
Toute la journée du vingt-sept a été consacrée, dans

les heures disponibles, à étudier l'histoire, depuis Louis XVI jusqu'à nos jours : sur la géographie, les bornes, les provinces et les départements de la France. Je savais le programme par ceux qui avaient été interrogés le vingt-six ; je me suis muni de bonnes plumes, et mis en route sous la protection de saint Joseph... Il n'y avait pas de comparaison avec la première fois : écriture et calcul, *assez bien ;* orthographe, *très bien ;* histoire de France et géographie, *très bien.* On me délivra aussitôt mon certificat d'aptitude que je remis au major en rentrant. C'est à la suite de ces deux examens que j'ai écrit à M***. Depuis, l'on m'a rayé de la liste des élèves caporaux, et toutes les pièces me concernant ont été remises chez le major, visées et signées par lui. Aujourd'hui, revue du général de brigade. Je lui ai été présenté, et il a accepté mon changement de corps. Je n'attends plus que ma feuille de route.

« Priez, cher père, afin que je puisse avec vous et mes amis de Saint-Générosus, fêter la saint Jean... »

« 6 Avril 1879.

«... Le jour de Saint Joseph, j'ai assisté comme membre du Cercle de la rue Negret à une messe célébrée dans l'église Saint-Pothin, messe à laquelle assistaient tous les Cercles catholiques d'ouvriers de Lyon, avec leurs bannières. Tu peux penser combien j'étais heureux de pouvoir assister à une messe de ce genre. Un moment je me croyais transporté à notre pèlerinage à Sainte-Geneviève, surtout au moment où l'on a entonné le *Credo.* C'est le seul jour où j'ai pu m'esquiver de la caserne avant l'heure.

« Bien cher François, pendant cette sainte semaine, pense à moi et prie pour mon prochain retour. Ah ! quel bonheur si j'étais à Paris pour la saint Jean et la saint Philippe de Néri !... Je t'embrasse de tout mon cœur.

« Ton frère en Jésus Ouvrier. »

«... Bon courage : tu arriveras plus tôt que tu ne penses au grade de brigadier; un bon chrétien est toujours, sans qu'il s'en aperçoive, remarqué par ses chefs. »

« 6 Avril 1879.

«... Je suis très content du mois de mars qui vient de s'écouler ; malgré les obstacles qui se sont présentés, j'ai pu, six dimanches de suite, faire la communion. Saint Joseph m'a récompensé en me protégeant d'une manière remarquable, dans les examens que m'a fait subir le commandant du bureau de recrutement de Lyon.... »

« 8 Mai 1879.

« ... Mon bon François, dans ce beau mois de Marie, prie la bonne Vierge d'intercéder auprès de son divin Fils pour mon prochain retour, et afin de pouvoir au moins assister à la fête de saint Philippe de Néri. Saint Joseph m'a protégé dans mon examen du mois de mars. N.-D. de Nazareth me ramènera au milieu de vous. C'est là toute ma consolation et mon espérance... »

« 6 Mai 1879.

« Cher Père, j'ai eu le bonheur de faire ma communion pascale dans l'église où, dix ans auparavant, j'avais reçu Notre-Seigneur pour la première fois. Je ne puis, en quelques mots, vous dire quels doux souvenirs sont venus se présenter à ma mémoire ; il me semblait que je n'avais encore que douze ans et que c'est moi qui devais servir la messe. Oui, le pays est toujours le pays, et ces souvenirs d'enfance ne s'effacent jamais... »

« 29 Mai 1879.

« Bien cher Père, obligé de fêter la saint Philippe de Néri à Lyon, je ne puis rester muet, et je vous en-

voie une petite lettre pour mes chers amis de la commission d'entrain... Je ne vous ai pas encore raconté
combien j'ai été agréablement surpris de me voir
souhaiter ma fête à onze heures du soir, au moment
où j'étais parti pour le royaume des songes. C'est un
planton qui m'a apporté la dépêche dans mon lit.
Vraiment je m'attendais à tout autre chose, et je ne
pensais pas du tout à la Saint-Émile. J'en accuse mes
théories et cours, qui sont en ce moment au nombre
de onze. Ce serait trop long de vous les citer les uns
après les autres; je veux tout simplement vous faire
comprendre qu'avec le trafic qu'on nous fait faire, on
peut oublier que le jour de sa fête approche ; mais
heureusement que M..., et vous-même ne l'avez
pas oublié, et que vous me l'avez rappelé ! Je vous
en remercie de tout mon cœur.

« J'ai eu le bonheur de pouvoir faire mon Jubilé ces
jours derniers ; depuis que je suis caporal, je suis
beaucoup plus libre le dimanche matin ; je sors plus
facilement du quartier. Je puis communier presque
tous les dimanches ; le jour de l'Ascension, j'ai servi
la grand'messe au Cercle de la rue Négret, avec
un bon camarade que j'ai pu sans beaucoup de peine
amener à ce Cercle... Cher Père, priez pour moi,
afin de m'aider à calmer mon impatience, et afin de
me faire supporter chrétiennement les petits revers
qui reculent mon retour... »

« Vive la saint Philippe de Néri !

« Mes bien chers Amis

« Enfin le voici venu ce jour qui doit faire bondir de joie le cœur de tout enfant de saint Philippe de Néri, ce jour si ardemment désiré par tout coureur Montparnassien !

« Que peut vous souhaiter un ami dont le plus doux souvenir est celui d'avoir eu l'honneur et le bonheur de présider, bien indignement, pendant quelques mois les réunions hebdomadaires, si intéressantes quoique si simples, des enfants de saint Philippe ; que puis-je vous souhaiter, si ce n'est que ce grand saint vous accorde la récompense de tous vos efforts et de tous vos sacrifices faits durant cette année, pour le plus grand bien de notre cher Cercle ; qu'il vous obtienne du Très-Haut la grâce d'augmenter en vous cet esprit de dévouement et d'abnégation, qui doit caractériser les vrais membres de la Commission d'entrain !

« Oui, chers amis, malgré mon ardent désir de pouvoir me trouver au milieu de vous pour fêter ensemble notre saint patron, je me vois obligé d'y renoncer et de vous faire connaître par écrit ce que j'aurais eu tant de plaisir à vous exprimer verbalement ; mais, vous le savez, je suis soldat, je dois faire mon devoir ; or le devoir, qui n'est autre chose que la volonté de Dieu, veut que je sois à Lyon.

« En attendant l'heureux jour qui me permettra de revoir florissante et joyeuse cette compagnie de coureurs d'élite de Montparnasse, je vous dis à tous : Fêtez chrétiennement votre saint patron, et soyez persuadés que la joie et la gaieté rempliront cette belle journée, embaumée du nom et du souvenir de saint Philippe de Néri.

« Loin de vous par rapport à la distance qui nous sépare, je vous suis uni par le cœur. Enfants de saint Philippe, je mêle ma voix à la vôtre et je m'écrie bien haut :

« Vive la saint Philippe de Néri !

« Vive la commission d'entrain !

« ÉMILE FOUDRAL. »

Aux membres de la Commission d'entrain du Cercle Montparnasse.

« 9 Juin 1879.

« Malgré notre grand désir de voir bientôt se réaliser nos espérances, nous sommes toujours dans l'attente ; pour mon compte, je pensais et j'espérais beaucoup être à Paris pour la fête de saint Philippe ; maintenant j'en ai pris mon parti. Je suis parfaitement résigné à passer encore un mois ou deux à Lyon. Je vous remercie de tous les renseignements sur le Cercle, que vous avez eu la bonté de m'envoyer, sans oublier l'envoi de timbres. On a beau toucher quatre sous par jour, par ce temps de chaleur, on dépense quand même plus que son prêt, et ma foi ça roule; ne serait-ce que pour acheter du blanc de guêtres!

J'ai vu avec bien grand plaisir que vous conserviez la bonne habitude de porter triomphalement dans les jardins du Cercle le corps de notre saint patron, saint Générosus. Dieu veuille que nous puissions encore longtemps rendre à ce saint martyr ce témoignage de vénération!... Les événements politiques du jour doivent bien vous inquiéter et vous fatiguer, vu votre âge et l'intérêt que vous portez aux œuvres attaquées; mais soyez persuadé, cher Père, que pour cela vos enfants vous aiment davantage et demandent au bon Dieu de vous consoler et de vous accorder les lumières que nécessitent les fonctions de directeur d'un Cercle d'ouvriers. Croyez, cher Père, à mon amitié filiale et à ma profonde reconnaissance. »

« 21 Juin 1879.

« Mon bon Jean,

« Il est des jours dans la vie où Dieu, après avoir manifesté sa sollicitude, d'une manière palpable et constante, semble retirer son bras protecteur et ne plus s'occuper de l'être qu'il a pendant longtemps comblé de ses bienfaits. Seul, quoique entouré comme d'une fourmilière, j'ai pu réfléchir à cela et constater que, pendant plusieurs années, j'ai été com blé de bénédictions. Tout m'a réussi à souhait, et

même au-delà de mes espérances ; de toutes les fêtes
du Cercle, de tous les jeux, de toutes les réunions de
famille, j'avais ma part. Une fête succédait à une
fête, et, grâce à Dieu, j'étais toujours là. Pourquoi
Dieu m'a-t-il retiré du milieu où, jusqu'ici, j'avais
vécu si heureux ? Si j'étais impie, je murmurerais en
disant : « Dieu n'est pas juste, Dieu n'est pas bon, » et,
oubliant le passé, je ne penserais qu'au présent et à
ses désagréments ; mais, grâce aux bons conseils de
mes directeurs spirituels, dont tu n'es pas le moindre, je sais que cette vie est semée d'épreuves, et
qu'en ce moment la séparation dont je souffre doit
être pour moi une occasion de réfléchir aux choses
sérieuses et de me fortifier dans la foi, en me faisant
mieux apprécier les bienfaits dont j'ai été comblé.

« Pourquoi Dieu me refuse-t-il cette part de joie et
de bonheur qu'il m'avait toujours accordée jusqu'ici ?

« C'est que la Providence, dont les desseins sont
impénétrables, veut me faire comprendre qu'ici-bas
nous sommes pour travailler et souffrir, et que je ne
dois pas m'imaginer n'y trouver jamais que plaisirs
et jouissances. Ce qui me tient le plus au cœur, c'est
de pouvoir, le plus tôt possible, reprendre mon travail à tes côtés, où, dans ta bonté pour moi, tu m'as
fait et réservé une place ; or, six mois se sont écou-
lés, et au moment où je croyais partir, un doute
affreux, suscité par une fausse nouvelle, vint me
traverser l'esprit et me faire croire que mes désirs
ne pourraient se réaliser. Puis, après quelques jours
de cruelle appréhension, j'apprends de bonne source
que tout au contraire mon affaire allait bien, et que
bientôt je pourrais revoir mes amis. Bercé de cet

espoir, je vois se passer la fête des Imprimeurs, la fête de la Commission d'entrain, la saint Générosus, et rien ne vient me dire : l'heure a sonné, il faut partir !

« Voici venir la fête de saint Jean-Baptiste, patron de mon bien-aimé ami et patron. Sans doute je vais pouvoir, de vive voix, lui exprimer mes sentiments de joie de le revoir et de reconnaissance pour tout ce qu'il a fait pour moi, et l'assurer d'une amitié plus tendre, plus soumise que par le passé. Hélas ! vain espoir ! L'homme propose et Dieu dispose. Quelle que soit la peine qu'il m'en coûte, il faut de grand cœur me soumettre à sa sainte volonté, persuadé qu'en agissant ainsi, je garderai la paix du cœur, trésor dont les enfants du Seigneur seuls connaissent le secret.

« Oui, mon cher Jean, Dieu ne veut pas que je puisse te donner le baiser de l'amitié, ni me permettre de t'exprimer en paroles ce que je ressens pour toi ; mais, puisqu'il m'a fait connaître l'écriture, j'en profite pour te dire combien j'aurais voulu être auprès de toi pour ce jour heureux.

« Il me semble voir mes chers amis de l'atelier Saint-Générosus, imprimeurs, compositeurs, apprentis, hommes de peine, t'apporter ce bouquet, faible emblème de leur respect, de leur reconnaissance, de leur amitié et de leurs vœux, et te dire :

« — Cher patron, nous voici tous réunis pour « célébrer cet anniversaire si doux à nos cœurs... »

« Ils diront tous, et ils auront raison « Vive la saint « Jean ! » Quoique bien loin, je m'associerai tellement à leurs vœux et à leurs souhaits, que je serai présent, quand même, à cette fête toute chrétienne.

En reportant mes pensées sur ces fêtes de l'atelier, je me souviens que tu as établi la bonne et louable habitude d'offrir la sainte communion pour les besoins de celui dont on souhaitait la fête; en raison de ce bon exemple, quel zèle ne vais-je pas déployer, afin de faire en ta faveur une pieuse et fervente communion dimanche prochain! Je n'ai que ce moyen de te témoigner mon attachement et mon amitié; mais je suis certain qu'il te suffira amplement. Sois persuadé que malgré mes galons de caporal, conquis au bout de six mois d'étude et d'application, je n'hésiterai pas un seul instant pour aller te rejoindre, dès que l'ordre en sera donné.

« Présente mes respects à Madame M... et à tous les membres de la famille V... En t'embrassant de tout mon cœur, je reste, en Jésus Ouvrier, ton ami, qui de trop loin, hélas! répète le cri de joie de la corporation de Saint-Générosus :

« Vive la Saint Jean-Baptiste! »

« 23 Juin 1879.

« Dieu a décidé que le moment de nous réunir était arrivé. Je suis désarmé, j'ai rendu mon sac et mon ceinturon, ma malle est prête. Fouette cocher! il faut partir. Aujourd'hui, à midi, j'ai été prévenu qu'il fallait plier bagage, et à sept heures du soir tout est terminé. La feuille de route sera prête demain midi 24 juin (saint Jean-Baptiste), et je dois partir

au train de sept heures du soir, arrivant à Paris à
onze heures et quelques minutes mercredi matin. Je
te le dis tout bas : n'en souffle pas mot au cercle, ni à
M. M..., ni à Jean, si tu les vois avant moi. J'ai envie
de les surprendre.... »

« 10 Juillet 1879.

« MON CHER LÉON,

«... Le 99ᵉ régiment de France n'existe plus (pour
moi) ; les conditionnels, l'exercice, les marches militaires, l'étude, la théorie, les gardes, les plantons,
les épaulettes et les galons rouges ne m'apparaissent
plus que dans un songe. Je suis enfin à Paris,
où, tous les jours, de dix heures du matin à six
heures du soir, je rectifie la position devant mon
encrier monumental, je suis à vingt-cinq minutes
du Cercle et à vingt minutes de chez mes sœurs.
Tu vois que le choix de mon quartier général est
excellent... »

X

Ici s'arrêtent les lettres de l'exil.

Elles se résument en un seul sentiment; l'amour du Cercle. Malgré l'éloignement, le cœur de FOUDRAL, son esprit, son âme tout entière y est demeurée présente. A Lyon, dans ce mouvement tumultueux de la caserne, il est seul, quoiqu'au milieu de la fourmilière. Il est à Paris, toujours au Cercle Montparnasse.

Comme ce jeune ouvrier, devient excellent militaire, comprend ses devoirs, et les pratique gaiement! Comme son esprit se dégage des côtés matériels du métier! Comme il se fait respecter et aimer de tous, sans éclat ni forfanterie, tout simplement et par la seule force de l'honnêteté! Aucun obstacle à l'accomplissement de ses devoirs de chrétien dont il ne triomphe : jeûnes prolongés, longue attente pour ses confessions et communions; temps de repos et de distraction légitimes généreusement sacrifié; fidélité immuable à son règlement de vie, toutes ces petites victoires, ces riens sublimes révèlent, sans qu'il s'en doute, des trésors de grâce; son âme, dans ses lettres, resplendit comme une lumière intense à travers un cristal. Nous nous sommes donné bien garde de changer un mot à ces pages qui le peignent si bien, avec sa gaieté d'ouvrier de Paris, avec son entrain de troupier français, sa piété constante et sa soumission à la volonté divine. D'ailleurs, le mot est si juste, la phrase si nette et si claire, le ton si simple et si ingénu, qu'il était impossible d'y rien ajouter ni d'y rien retrancher. Toucher à ces pages en eût altéré la grâce, dissipé le parfum, affaibli l'émotion. Le lecteur qui ne connaît pas les Cercles catholiques d'ouvriers, peut comprendre, par certaines échappées, quelque chose de leur vie intime, de l'esprit de leurs membres et de la valeur de ces âmes d'ouvriers, si unies et si heureuses au sein de ce petit paradis du travailleur chrétien.

Quelques mois s'écoulent, sept environ, entre le retour si désiré de FOUDRAL à Paris, et sa mort si prompte. Rentré au Cercle, il reprit peu à peu toutes les fonctions qu'il y remplissait avant son départ. Sa vie redevint ce qu'elle était autrefois, ce qu'elle fut toujours : devoirs d'état au ministère et à la caserne, devoirs envers sa famille, dévouement et abnégation pour le Cercle, sans un écart, une défaillance d'une heure, un murmure, un mot de plainte. Égalité de caractère, gaieté constante, parfaite douceur, docilité accomplie. Il faudrait répéter ici tous les témoignages déjà cités. Cependant, pour continuer à être exact et complet, constatons que ces sept mois de vie militaire, ou plutôt, d'épreuves victorieuses, avaient grandement mûri cette nature, au départ encore enfantine et tendre. C'était toujours les mêmes qualités aimables, mais plus mâles ; c'était le même fond de vertu, mais avec une fermeté plus accentuée ; FOUDRAL, sans doute, était resté le même, mais l'enfant était devenu homme. Aussi tout le bien qu'il faisait était-il plus solide. Son influence dans le Cercle n'était plus seulement l'effet de l'exemple d'une piété aimable et d'une cordiale camaraderie, d'une obéissance entière au règlement du Cercle et d'un dévouement absolu à ses institutions. C'était l'action, l'autorité, l'ascendant moral s'imposant à tous. Ah ! si la Providence nous l'avait laissé quelque temps encore, le Cercle aurait atteint un idéal de perfection auquel nous n'avions jamais pensé. Dieu ne l'a pas permis. Il faut nous incliner sous sa suprême volonté et baiser, en cachant nos larmes, sa main qui nous frappe. « L'étendue de sa miséricorde est mesurée à celle de sa tendresse, » est-il dit dans l'office du Sacré-Cœur. Adorons sans comprendre.

Hélas ! cette fleur était à peine entr'ouverte qu'elle tombait effeuillée sur le sol. Son parfum n'avait pas encore embaumé sa corolle, qu'il s'évanouissait dans un souffle d'orage.

Nous avons rapporté à peine quelques traits de l'enfance et de la jeunesse d'Émile FOUDRAL, et déjà nous touchons au lit funèbre où tombèrent foudroyés ces frais vingt ans dans toute leur ardeur. Il faut ouvrir le journal de sa maladie et de sa mort.

Sur le cercueil de cet enfant de saint Générosus, brille comme un reflet de l'auréole du martyr. Il a été outragé et torturé pour la foi. Il a participé aux souffrances de l'Église persécutée. Il est de ceux qui ont été proclamés bienheureux, auxquels le royaume des Cieux a été promis pour avoir souffert pour la justice.

C'est une poignante douleur pour nous que de rappeler les circonstances qui entourèrent cette mort.

Quoi qu'il nous en coûte, nous saurons accomplir ce devoir.

Nous déposons sur la tombe de FOUDRAL les pages qui vont suivre, comme les palmes dont les premiers chrétiens décoraient les sépultures des confesseurs de la foi ; ou, comme la fiole sanglante mêlée aux cendres des martyrs, qui était, le signe sacré de leur immolation pour le nom de Jésus.

XI

Journal de la Maladie d'Émile Foudral.

Dimanche 25 Janvier. — Pendant toute la journée du dimanche 25 janvier, Foudral se sentit souffrant, sans pouvoir définir au juste ce qu'il éprouvait. Il s'abstint de jouer et se tint tranquille, ce qui n'était pas accoutumé chez lui, toujours si actif. Selon lui son malaise remontait à la soirée qu'il avait passée le mardi précédent à la noce de la fille de G***, ouvrier de son ancien atelier. Il s'était beaucoup amusé à cette fête de famille, et était resté jusqu'au matin. En sortant des salons, où la chaleur était très grande, il avait attendu ses camarades quelque temps dehors. Il vint ensuite se reposer au Cercle. Je le vis le mercredi matin au moment de son départ; jusqu'au dimanche 25, il souffrit du mal de tête et de la fièvre. A son bureau, on lui conseillait de cesser son travail. Il disait que par moments, en effet, le mal de tête était si violent qu'il ne voyait plus clair, et sentait comme une barre à son front. La caserne de la rue Bellechasse n'a pas d'infirmerie. En cas d'indisposition, on doit se faire porter pour l'hôpital, ce qui répugnait beaucoup à FOUDRAL.

Son état empirant dans la journée de dimanche, il changea d'avis et me dit qu'il verrait le major le lendemain ; mais alors son entrée à l'hôpital n'aurait lieu que le surlendemain. Quoique l'état de FOUDRAL ne fût pas sans me donner quelque inquiétude, je me rassurai en raison de sa bonne constitution. Dans la journée, il alla prendre du repos dans la chambre de T... ; G... l'y vint voir, et me dit ensuite qu'il lui trouvait les symptômes de la variole, dont il avait été atteint lui-même. FOUDRAL dîna avec nous, mais mangea peu ; son visage n'était point altéré, quoiqu'il souffrît visiblement. Je remarquai que ses yeux étaient cernés de bleu, ses lèvres pâles. Je lui tâtai le front sans constater une chaleur excessive. Néanmoins, je l'engageai à partir de bonne heure. Au lieu de rester jusqu'à onze heures et demie du soir, comme il faisait chaque dimanche, car il prolongeait son séjour le plus tard possible à la maison et ne la quittait qu'à regret, il partit cette fois vers neuf heures. Craignant pour lui le changement de température des salons du Cercle avec l'air vif du dehors, je remis deux francs à T... pour prendre un fiacre et le reconduire.

†

LUNDI 26 JANVIER. — Le lendemain, à Nazareth, M... me dit pendant le dîner, qu'il aurait un mot à me dire en sortant de table.

« On m'a annoncé aujourd'hui une mauvaise nouvelle. FOUDRAL aurait été pris la nuit dernière, à la caserne, d'un délire furieux. On a dû lui mettre la camisole de force, et le transporter à l'hôpital du Gros-Caillou. Le rapport porte qu'il serait atteint d'une folie religïeuse. »

Je partis aussitôt pour l'hôpital et je vis d'abord M. l'aumônier. Il me dit qu'en effet on l'avait averti qu'un soldat atteint de délire avait été apporté dans la nuit, mais on le lui avait annoncé d'une si singulière façon, qu'il avait pensé que le soldat devait être malade des suites d'abus alcooliques, comme cela arrivait trop souvent. Il comprit que c'était le fait du délire religieux, qui avait motivé le ton dont on lui en avait parlé. M. l'aumônier prit le plus grand intérêt au malade, quand il apprit qu'il appartenait à notre Cercle.

Par suite de son état, on avait placé Foudral seul dans la salle des opérations, sous la garde d'un infirmier.

C'est là que je trouvai notre pauvre ami, lié par la camisole de force, la tête extrêmement brûlante, la face très colorée, mais ayant toute sa connaissance et me manifestant sa vive satisfaction de me voir.

« Je ne sais pas ce qui m'est arrivé, me dit-il, ni pourquoi on m'a transporté ici.

— Auriez-vous du plaisir à voir vos sœurs, lui dis-je ?

— Certainement !

— Alors donnez-moi leur adresse, je vais les faire avertir de suite ».

Je ne prolongeai pas plus longtemps ma visite et je retournai au Cercle, après avoir laissé une gratification au soldat qui allait passer la nuit auprès de lui.

Quand je revins au Cercle, on m'avertit qu'un militaire m'attendait.

Je trouvai dans mon cabinet un sous-officier accompagné d'un jeune homme habillé en civil.

« Monsieur est mon ami, dit le sergent. J'ai pris la liberté de l'amener avec moi.

— Oui, dit celui-ci, j'accompagne monsieur, et je suis d'ailleurs enchanté de visiter un Cercle catholique ; j'en ai beaucoup entendu parler, mais je n'en avais point encore vu.

— Je viens, dit le sergent, de la part de mes chefs, vous demander l'adresse des parents d'ÉMILE FOUDRAL, pour les avertir de l'état grave où il se trouve, ayant été atteint ce matin, vers trois heures, d'une attaque de fièvre chaude, ou de délire tellement violent, qu'il a fallu six hommes pour le contenir ».

Je racontai à ces messieurs, que j'étais informé de l'accident, et que j'arrivais même de l'hôpital, où j'avais trouvé le malade en assez bonne situation d'esprit pour pouvoir me donner l'adresse de ses sœurs.

« Je suis heureux, ajoutai-je, de pouvoir vous donner ce renseignement.

— Je vais de ce pas les prévenir, me dit le sergent. Je dois vous dire aussi que dans son délire, il aurait prononcé des paroles, dont il pourrait résulter les choses les plus sérieuses.

— Qu'est-ce donc, répliquai-je ?

— Je n'en sais rien au juste... C'est extrêmement grave... je ne pourrais même pas les répéter.

— Mais enfin, qu'est-ce donc ?» car je voyais qu'il savait très bien les choses dont il faisait mystère.

Il assura de nouveau qu'il n'en pouvait dire davantage.

Nous nous quittâmes peu après ; ces messieurs très convenables, très polis ; et moi, sans aucune méfiance à leur sujet.

†

Mardi 27 Janvier. — Le lendemain matin de très bonne heure, je retournai à l'hôpital. J'obtins du médecin en chef l'autorisation de voir le malade les jours non réservés au public. C'était lui-même qui l'avait reçu dans la nuit. Il ne put me dire la nature de la maladie.

« Ce dont je puis vous assurer, me dit-il, c'est que l'état du malade est très grave. Je l'ai revu ce matin. Il a une température de quarante degrés. »

Je me rendis aussitôt à sa salle. On allait le transporter dans celle des fiévreux. Je pus le voir, et causer avec lui encore très librement. Il avait sa pleine connaissance, son bon et riant visage, un peu d'excitation, mais pas de délire.

« Je vous conseille bien de vous confesser, lui dis-je ; avec la fièvre que vous avez, le délire pourrait vous reprendre. Prenez vos précautions.

« Certainement, me dit-il, j'en serai très heureux.»

On peut parler ainsi à un chrétien qui se confesse

tous les huit jours. Je savais trop par expérience combien les fièvres typhoïdes font promptement perdre la raison, pour hésiter à l'avertir. Je suis bien heureux aujourd'hui de lui avoir parlé si librement. Quelques instants après, M. l'aumônier le confessait avec sa pleine connaissance et son entière liberté d'esprit. Je le sus plus tard.

Au moment de le changer de salle, le chef infirmier eut la précaution d'ordonner qu'on ne le changeât de matelas ni de draps. Il fut transporté avec ses couvertures dans la nouvelle salle où il y avait une centaine de malades.

Le même jour, vers cinq heures, je retournai le voir; alors il était en délire et la journée avait été très agitée. Il était sorti de son lit, et l'on avait fermé les croisées, de crainte qu'il ne se jetât par la fenêtre. Je vis les sœurs qui étaient pleines de bontés pour lui. On l'avait d'abord mis au milieu des malades. On le fit placer à l'entrée de la salle, dans un endroit où il était moins dérangé par les conversations, et d'une plus facile surveillance durant ses accès.

Il me reconnut encore, mais me tint des propos incohérents. Son visage était très altéré.

« Cher monsieur, figurez-vous que j'ai dit dans mon délire, à ce qu'on m'a rapporté, des choses affreuses... Je ne sais pas ce que j'ai dit, mais il paraît que c'était bien mal.

— Ne vous inquiétez pas de cela, lui disais-je, sans attacher à ces paroles la moindre importance. On n'est point responsable de ce que l'on dit dans le délire... Personne n'en tient compte... personne n'y fait attention.

— Si fait, car lorsque je sortirai, on ne me gardera pas à Paris ; on me renverra à mon régiment. »

Comment avait-il cette idée? Quelqu'un la lui avait-il suggérée? Était-on venu l'interroger sur ce qu'il avait pu dire, dans l'exaltation d'un délire si violent qu'il fallut, a-t-on prétendu, douze draps pour le lier et le secours d'une corde à puits?

« Quand je n'existerai plus, me dit-il encore, prenez soin de mes parents. »

Puis, au milieu d'exclamations presque inintelligibles, les dents serrées, permettant à grand'peine l'émission de ses paroles :

« J'ai mis le feu à ma caserne... on va venir me prendre... je l'ai bien mérité ».

†

Mercredi 28 Janvier. — Le lendemain matin, j'obtins la facilité de voir le médecin chargé de la salle. Il parut très affecté et ne me dissimula pas que le pauvre enfant ne fût en grand danger.

Je ne le retrouvai plus dans la grande salle ; la nuit avait été si mauvaise qu'on crut devoir, pour le repos des autres, et pour plus de sûreté, le mettre dans une salle au premier, où il n'y avait que deux malades, et dont les fenêtres étaient grillées. C'est alors que m'apparurent tous les ravages du mal. On lui avait mis les sangsues derrière les oreilles; elles avaient produit une grande effusion de sang. Il n'en

paraissait pas soulagé. Il portait toujours la camisole de force. On lui avait mis de la glace sur la tête
et en permanence; la connaissance existait à peine.
La sœur essaya, devant moi, de lui faire prendre une
cuillerée de tisane. Il la rejeta. Les dents étaient
serrées, l'œil fixe, la parole n'était qu'un murmure
à peine saisissable. Cependant, le teint du visage
était comme à l'ordinaire; son inflammation avait
disparu; la chaleur du front n'était pas excessive.

Je ne me souviens pas si je le revis dans l'après-
midi du mercredi; mais en rentrant le soir, je trouvai
une lettre d'une sœur de Foudral, me remerciant de
l'avoir fait avertir de la maladie de son frère et de
lui avoir écrit. Elle et son mari, ainsi que sa sœur
et son beau-frère, se proposaient d'aller le voir à
l'hôpital le lendemain, jour des visites. Elle ajoutait
qu'elle et son mari avaient reçu la visite d'un personnage (inutile de le désigner) qui leur avait paru
singulier et les avait vivement inquiétés. Cet homme
avait tenté de les animer contre le Cercle, l'accusant
de la maladie de Foudral, et s'offrant à la soutenir
si la famille voulait agir en justice. Il était même
revenu et avait apporté un journal contenant des
faits qui les désolaient tous, et dont ils ne savaient
que penser. La lettre m'engageait à me le procurer,
ce que je fis aussitôt.

Quelle fut ma surprise, mon indignation, en lisant
une dénonciation abominable, où se trouvaient accusés sans les nommer : Foudral, un ancien aumônier du
Cercle et le Cercle Montparnasse, dans un récit
perfide où quelques circonstances vraies étaient
habilement mêlées à une histoire de pure invention.

véritable trame ourdie par la haine la plus envenimée et l'audace la plus habile. — Il était probable que le calomniateur avait été témoin du délire de FOUDRAL. Dans les hallucinations d'une fièvre à son paroxisme, il avait trouvé l'occasion de susciter un grand scandale dont certains journaux seraient heureux d'avoir la primeur. Puis, grâce à quelques lueurs lucides du pauvre malade, il avait obtenu, sans doute, divers renseignements, dont il avait fait usage en les amplifiant.

Ainsi le récit rapportait la visite du Directeur du Cercle faite à l'hôpital à des moments insolites, le voyage de FOUDRAL, un prêt de dix francs que j'ignorais, et que FOUDRAL seul avait pu dire, la journée passée au Cercle, etc, etc.

La veille, un article de quelques lignes, lancé pour exciter la curiosité malsaine du public, avait annoncé pour le lendemain : *Un scandale dans un Cercle catholique.*

Plusieurs feuilles avaient reproduit cet article, en des termes encore plus odieux, et avec un surcroit de mauvaise foi.

✝

JEUDI 29 JANVIER. — Le jeudi matin, 29 janvier, fête de saint François de Sales, j'allai prendre conseil sur cette horrible affaire, dont le Cercle était déjà informé ainsi que plusieurs personnes. Il me fut assuré que ces hallucinations avaient pu avoir lieu, mais qu'elles s'expliquaient chez ce pieux enfant, tourmenté depuis longtemps par les calomnies et les accusations les plus infâmes alléguées autour de lui contre le clergé et les communautés religieuses. L'imagination torturée et surexcitée par la violence de la fièvre avait pu donner lieu à des divagations, qui n'avaient pas d'autre fondement que les conversations de son entourage. Cette présomption s'est trouvée justifiée par un fait que je sus depuis. C'est que FOUDRAL, le dimanche même où il était tombé malade, avait avoué à un camarade qui avait toute sa confiance :

« J'ai beaucoup à souffrir... Je suis plus malheureux pour ma religion qu'à Lyon même. Et si ce n'était le Cercle, je regretterais d'avoir quitté mon régiment où j'étais beaucoup plus libre et plus tranquille qu'à Paris. »

Ce n'est point certainement l'exaltation religieuse qui a déterminé chez FOUDRAL la maladie qui nous l'a ravi. Très exact dans ses devoirs religieux, il n'avait cependant aucune exagération dans sa piété. Il était mesuré en ceci comme dans tout le reste de sa vie.

Ce jour-là, avait paru un troisième article, non moins abominable que les autres, relatant l'entretien d'un personnage anonyme, avec le R. P. F.... qu'en vue d'un procès en diffamation, on faisait habiter un couvent d'un autre quartier que le sien.

Nous allâmes visiter le P. F..., qui nous raconta, qu'en effet, il avait reçu la visite d'un jeune homme, se présentant assez convenablement pour lui faire croire d'abord que c'était quelque membre du Cercle, venant lui apporter des nouvelles de FOUDRAL, tombé malade et réclamant ses services ; mais peu à peu, l'entretien tournant à l'interrogatoire et devenant à la fois odieux et menaçant, le bon Père, dont la simplicité avait pu être surprise un moment, répondit avec indignation, mais avec calme, aux insinuations de cet homme. Celui-ci en vint bientôt à des accusations directes et, en même temps, à des offres de service pour étouffer l'affaire, enfin, à une véritable tentative de chantage.

Le Père congédia aussitôt ce malheureux, mais avec sa courtoisie habituelle. Et c'est cette entrevue falsifiée et rédigée en article de feuilleton, que rapportait le journal.

Nous fîmes, auprès d'habiles jurisconsultes, les démarches que nécessitait la circonstance.

Jusque-là les calomniateurs, tout en désignant les personnes, s'abstenaient de les nommer, faisaient des réserves, constataient prudemment que les auteurs de ces révélations étaient étrangers à la rédaction, etc. Comment poursuivre des gens qui attaquent et se dérobent tout ensemble, qui diffament sans laisser de preuves juridiques, et suspendent la calomnie jusqu'à la limite où la justice a le droit d'intervenir ?

Ainsi la haine sectaire s'acharnait contre l'honneur d'un prêtre et d'une œuvre catholique, n'hésitant pas à jeter l'infamie sur cette couche de douleur, et à vouer à l'opprobre la mémoire d'un pauvre enfant, type idéal de pureté et de vertu. Il nous fallait courir incessamment du lit d'hôpital aux cabinets des jurisconsultes, rechercher et parcourir les feuilles les plus odieuses pour noter celles qui se faisaient propagatrices de la calomnie. Il fallait satisfaire

la juste émotion de nos amis, et répondre à mille questions sur l'état du pauvre malade et sur les moyens
de poursuivre les calomniateurs. Au Cercle, on voyait
les ouvriers se parler à voix basse, le visage cons-
terné. L'horreur et l'indignation avaient saisi toutes
les âmes. La douleur surtout était générale. Quelles
soirées pour le Cercle, pendant cette semaine horrible,
et quelles cruelles journées pour nous !

Le jeudi soir, l'état du malade était plus grave.
Il n'avait plus aucune parole ni aucune connaissance ;
la respiration était sifflante, le visage calme, cependant, avec son expression ordinaire de douceur. La
sœur lui fit sucer un quartier d'orange. Depuis deux
jours, il était impossible de lui faire rien avaler. La
sœur semblait n'avoir aucun espoir. Dans la journée,
il avait encore essayé de se lever et de s'enfuir.

Je craignais que l'hôpital ne me fût fermé, par suite
des dénonciations des journaux. Je craignais surtout
de compromettre les médecins, l'aumônier et les
sœurs. Un renseignement très important était réclamé
par les jurisconsultes, le certificat de visite des médecins qui soignaient le malade. Ce procès-verbal
pouvait servir de réfutation complète à toutes les
accusations. J'appris de source certaine que l'enquête
avait été déjà faite par ordre du ministère de la Guerre,
que ce procès-verbal existait, et que le résultat avait
été de démentir absolument toutes les allégations
des journaux ; que, d'autre part les médecins étaient
indignés de ces abominables accusations, qui n'avaient
pour preuves que les paroles d'un pauvre malade
en délire.

✝

Vendredi 30 Janvier — Le vendredi matin, je vis le médecin en chef et je lui demandai une permission d'entrée pour la famille. Il me l'accorda aussitôt, m'exprima toute son indignation, et me renouvela les permissions les plus larges d'entrée à l'hôpital.

J'assistai à la visite du médecin de la salle. Élèves et docteur constatèrent quelques symptômes favorables. Après la visite, je demandai au médecin ce qu'il pensait.

« Il y a une lueur d'espoir, me dit-il. »

Je reçus cette nouvelle comme une promesse de retour à la vie.

« Mais l'état est toujours très grave, ajouta-t-il.

— Peut-il se prolonger, demandai-je ?

— Probablement !

— Vous pensez donc qu'on pourrait encore espérer ?

— Avec la jeunesse, on peut toujours espérer. »

Je retournai près du malade, lui adressai en partant quelques paroles d'adieu, sans espérer qu'il les comprendrait.

Mais à ce moment son visage s'anima. Il sortit de sa torpeur et de son immobilité. Il se mit à sourire, me regardant et agitant légèrement la tête, comme par un salut d'adieu. Il me reconnaissait, c'était bien certain. — Alors je revins près de lui, et je l'embrassai.

C'était la seconde fois depuis son entrée à l'hôpital. Ce fut la dernière, de son vivant. La veille, le Président du Cercle, ses beaux-frères, un militaire de son bureau l'avaient visité. Il ne reconnut personne.

Le soir, j'annonçai au Cercle la nouvelle du matin « la lueur d'espoir ». Chacun s'en réjouit. On crut le malade sauvé. On ne pouvait se figurer que ce jeune homme de vingt-deux ans, naguère si plein de santé et de vie, encore au milieu de nous quatre jours auparavant, pouvait être enlevé si promptement à l'affection de tous. Et puis, c'était la fête de saint François de Sales, le patron de la Savoie ! Nous espérions que par son intercession notre bien-aimé FOUDRAL, enfant de ce pays, nous serait rendu.

✝

SAMEDI 31 JANVIER — Le lendemain, je me rendis directement à la salle, sans parler à personne. — Arrivé au premier étage, j'aperçus des matelas et des draps jetés sur le palier. J'entrai dans la salle et cherchai des yeux le malade... je ne le voyais pas. Son lit était vide. — Il ne me vint pas à l'esprit d'autre pensée qu'un nouveau changement de salle, en raison du mieux de la veille.

« Où est-il donc ? demandai-je au soldat de garde.

— C'est fini d'hier soir. »

Je ne pouvais croire ce que j'entendais.

Fini ! mais, comment ?... il est mort ?

— Hier, à six heures ! »

La sœur survint.

« Le concierge ne vous a pas vu passer? Il vous aurait averti... A dix heures, le pauvre enfant a reçu l'extrême-onction... A six heures, il s'est endormi doucement, il s'est éteint. »

Je descendis, étourdi, sans pensée, sans parole et j'allai m'agenouiller longtemps dans la chapelle des sœurs.

✝

Il y avait huit jours, le 25 janvier, le cercle célébrait la commémoration annuelle de ses militaires, tués à l'ennemi pendant la dernière guerre. Les drapeaux en deuil décoraient la chapelle du Cercle, et spécialement le monument élevé par la souscription de ses membres. Nos bannières voilées de crêpes étaient arborées dans le chœur. Après la messe, durant laquelle les chants funèbres avaient été parfaitement exécutés, les membres du Cercle, son conseil intérieur et son comité en tête, étaient allés, pendant le chant du *De profundis*, jeter l'eau bénite sur le monument, cérémonie religieuse et patriotique qui s'accomplit chaque année, au milieu d'une émotion que le temps n'affaiblit pas.

Au moment où le conseil intérieur vint accomplir ce devoir, je m'aperçus que FOUDRAL n'était pas au nombre de ses collègues. Il se trouvait en arrière, ses fonctions à la chapelle l'ayant retardé. Je regrettai, à cause de son uniforme, qu'il ne fût pas l'un des premiers à rendre cet hommage fraternel à nos soldats, martyrs du devoir.

Qui aurait pu prévoir alors que Foudral, huit jours plus tard, recevrait le même hommage, et que les mêmes chants funèbres seraient redits par ses camarades autour de son cercueil?

†

DIMANCHE 1ᵉʳ FÉVRIER — Le dimanche 1ᵉʳ février avait été fixé depuis un mois par le conseil intérieur pour un pèlerinage à Notre-Dame des Victoires, en action de grâces des fêtes de Noël. Un avis avait été envoyé à tous les membres du conseil, dans les premiers jours de la semaine, leur rappelant le pèlerinage et leur recommandant en même temps leur camarade malade. La convocation et la lettre de faire part du décès parvinrent en même temps aux conseillers. Presque tous, néanmoins, répondirent à la première invitation, et tout le conseil se trouva réuni le Dimanche matin au pied de Notre-Dame des Victoires.

Accompagné de notre aumônier, je partis ensuite pour l'hôpital, une heure avant les membres du Cercle. Nous nous rendîmes aussitôt à la salle où les corps, avant le service, sont exposés dans leur cercueil, le visage découvert.

Notre cher enfant n'était point défiguré, ni même décoloré; ses yeux étaient restés ouverts, nul ne s'étant trouvé là pour rendre au pauvre défunt abandonné, le pieux devoir de lui fermer les yeux. Je l'essayai inutilement.

Nous avions trouvé, déjà réuni dans la cour, un détachement de sa section. Un capitaine d'état-major et un autre officier s'y trouvaient également. Le capitaine fut parfaitement convenable, et exprima en termes excellents son indignation, aú sujet des circonstances qui avaient accompagné cette mort.

Peu après les membres du Cercle arrivèrent. Ils vinrent contempler une dernière fois leur jeune camarade, naguère si plein de vie et de santé. Ils se succédèrent, de plus en plus nombreux. La cour fut bientôt remplie. En effet, le pauvre enfant, dans tout le Cercle, parmi les jeunes, parmi les anciens et dans les divers groupes, ne comptait que des amis.

Des couronnes offertes par l'atelier Saint-Générosus, par celui de Saint-Jean, par les diverses commissions qu'il avait présidées, par la conférence de Saint-Vincent de Paul et par des camarades, arrivèrent en grand nombre.

Enfin le moment de fermer le cercueil était venu. On quitta la funèbre salle. Je me penchai alors sur le front glacé du pauvre cher enfant, et je l'embrassai une dernière fois.

Le corps fut transporté à la chapelle où le service allait commencer.

Nous avions réclamé l'uniforme militaire pour le placer sur le cercueil. En premier lieu, on nous avait répondu que le convoi étant organisé par la famille et plus civil que militaire, on n'avait pas cru devoir apporter l'uniforme : mais au dernier moment la tunique fut apportée avec le sabre et le shako ; ce fut le capitaine qui fit retrouver ces objets.

La messe fut célébrée par l'aumônier du Cercle Montparnasse, assisté du Président du Cercle et par un membre du Cercle du Gros-Caillou, dont une nombreuse députation était présente. L'aumônier de l'hôpital présidait la cérémonie et fit l'absoute solennelle.

L'autel et le catafalque étaient brillamment illuminés. Auprès de la famille se tenaient les officiers et un grand nombre de membres du Comité de l'Œuvre des Cercles et du Comité de Montparnasse.

M. le comte Albert de Mun assista à l'office et suivit le corps.

Les sœurs de l'hôpital étaient réunies à la tribune.

Les chants religieux furent exécutés avec un sentiment qui répondait à l'émotion de l'assistance.

L'office terminé, le convoi se mit en marche pour le cimetière Montparnasse. Derrière le blanc corbillard, chargé de couronnes, suivaient la famille, les membres des comités et du Conseil intérieur, les militaires et les membres du Cercle au complet, au total environ trois cents personnes. Cette affluence convoquée à si court intervalle, était sans doute un grand témoignage de douleur, mais aussi une éloquente protestation. Ce dernier sentiment était au fond des âmes, sans qu'on se le communiquât, et c'était presque un soulagement sous le poids de tant de douleur.

La plupart des assistants au service religieux suivirent le corps au cimetière ; le défilé si nombreux fut encore pour la famille une sensible consolation.

XII

Protestation.

De retour au Cercle, le Directeur réunit le Conseil intérieur et résuma la situation.

« Ces devoirs rendus aux restes de notre ami ne sont pas les derniers. D'immondes accusations planent sur la mémoire de celui qui a été parmi nous, pendant sept années, le parfait modèle de l'ouvrier des Cercles catholiques. Il faut prendre un parti pour le venger des calomnies qui tendent à envelopper dans le même déshonneur notre ami, un prêtre vénérable et chéri, et notre Cercle bien-aimé. Une réunion décisive allait avoir lieu dans quelques heures entre des jurisconsultes éminents. L'avis des membres du Cercle et spécialement de ceux qui les représentent, c'est-à-dire, du Conseil intérieur, aurait un grand poids dans la décision.

« Les articles de journaux avec une habileté infernale ont lancé la dénonciation sans nommer les personnes ni le Cercle, les désignant clairement, mais sans donner lieu à preuves juridiques inattaquables.

La perte d'un procès aurait devant le public les plus graves conséquences. Il convient de ne l'intenter qu'à coup sûr.

« La polémique dans la bonne presse peut-elle produire un résultat ? La presse ennemie passant à côté du fond du débat, lance de nouvelles accusations, qu'elle tire même de la défense ; elle la raille, la défigure, lui fait dire le contraire de ce qu'elle avance, et multiplie le scandale et son retentissement. D'ailleurs cette polémique ne donnant pas la parole à la réfutation dans les colonnes des journaux accusateurs, leur public demeure dans son ignorance et ses préventions.

« Cependant un silence complet devant la dénonciation serait un aveu de culpabilité. Il pèserait sur la mémoire de l'innocente victime, sur la réputation du prêtre et sur l'honneur du Cercle, dont tous les membres resteraient solidaires d'une calomnie restée sans protestation.

« Or, cette protestation des membres du Cercle est le seul acte qui semble possible. On doit douter qu'elle soit insérée en son entier. On devrait se déclarer satisfait, avec de telles gens, s'ils se résolvaient à en constater seulement l'existence. »

Cet avis ayant prévalu, la protestation suivante fut signée par les membres du Conseil intérieur, et envoyée le lendemain aux journaux par lettres chargées :

« 1er Février 1880.

« Monsieur le Rédacteur,

« Nous venons de conduire au cimetière notre camarade, dont vous avez outragé la mémoire par le récit de faits scandaleux auxquels vous l'avez mêlé.

« Nous le connaissions depuis sept ans ; nous l'aimions et nous l'estimions tous. Nous aimons et nous vénérons le prêtre auquel vous imputez dans le même article des faits honteux.

« Nous protestons de toutes nos forces contre vos récits. Rien de semblable ne s'est jamais passé dans notre Cercle, clairement désigné par vous. Nous l'affirmons tous, et nous vous invitons à insérer cette déclaration dans votre plus prochain numéro.

« Au nom des membres du Cercle catholique d'ouvriers de Montparnasse.

« *Le Président du Cercle,*
« *Les membres du Conseil intérieur.*
« Suivent les signatures. »

Le lendemain paraissait un article intitulé : *Une enquête nécessaire.*

On y lisait : « Une lettre signée par un certain nombre de membres d'un Cercle catholique nous met en demeure de publier une sorte de protestation. Nous nous garderons bien de *tomber dans le piège grossier* que nous tendent nos pieux correspondants ; nous ne publierons pas leur lettre par laquelle ils ont voulu nous amener à déclarer quo c'est de leur Cercle quo nous avons entendu parler. A la justice seule il appartient do dévoiler les noms des coupables, *s'ils existent*.....

« C'est là notre seule réponse à *tous* les membres des cercles catholiques à qui il pourrait prendre fantaisie de nous écrire. »

Elle nous suffisait. Nous n'espérions pas davantage.

La crainte d'un procès était aussi claire que possible, et la reculade des calomniateurs, manifeste.

Dans ces quelques lignes, ils semblent avoir épuisé les formules de réserve et d'irresponsabilité personnelle.

A la fin de l'article infâme intitulé : *Une visite au R. P. F...*, du vendredi 30 janvier, on lisait déjà cette prudente note :

« Nous tenons, tout en affirmant l'authenticité des faits que nous venons de rapporter, à déclarer qu'ils nous ont été communiqués par une personne n'appartenant ni directement, ni indirectement à notre rédaction. »

La protestation adressée aux journaux avait été affichée dans les salons du Cercle, le mardi 3 février, suivie de cette note :

« Malgré sa modération, notre protestation n'a pas été insérée.

« Les journaux qui ont accueilli l'attaque refusent la réponse.

« Nous nous y attendions.

« Ce que nous avons voulu, c'est que nos ennemis prissent acte devant leur public, de notre protestation indignée.

« C'est que le silence de notre mépris ne puisse être interprété par personne comme un aveu.

« Maintenant, c'est un fait acquis et constaté. Nous leur avons envoyé notre démenti. Ils l'ont inséré. Ils nous ont donné un accusé de réception, accompagné sans doute de nouveaux mensonges, mais, avec moins d'injures que nous ne pensions... »

La protestation des ouvriers couvrait le Cercle et le P. F... Il en fallait une autre, celle des parents de Foudral, forts du procès-verbal de l'autopsie, constatant la cause du décès, et devant lequel tombe absolument toute la machination.

La lettre suivante fut envoyée par la famille, le jeudi 4 février.

« Monsieur le Rédacteur,

« Membres de la famille du jeune soldat dont vous annoncez la mort dans votre numéro du 4 février, en racontant que sa maladie résultait d'une absorption de cantharides, nous vous invitons à insérer dans votre journal une protestation contre cette assertion.

« Le procès-verbal de l'autopsie du corps de notre frère faite par MM. les médecins de l'hôpital militaire du Gros-Caillou établit qu'il a succombé à une fièvre typhoïde méningétique, dont les premières atteintes remontaient à plus de huit jours avant son entrée à l'hôpital.

« Cette insertion adoucira notre douleur et notre légitime émotion devant une allégation inexacte, qui porterait atteinte à la mémoire de notre regretté parent.

« Suivent les signatures. »

Cette fois le journal ne tint aucun compte de cette lettre, et passa sous silence la légitime réclamation de la famille.

Devait-on contraindre les journaux par ministère d'huissier à son insertion ?

On le pouvait sans doute, mais alors avec la résolution d'intenter un procès.

Et l'on se trouvait devant les mêmes obstacles qui ont fait renoncer au procès en diffamation et en dommages et intérêts

L'administration militaire avait fait faire les premières constatations médicales. Elles avaient démontré la fausseté des accusations des journaux. Le rapport réclamé par le ministre de la guerre l'avait constaté. La police, de son côté, avait fait faire une contre-enquête.

Voici en quels termes s'est exprimé sur le compte de FOUDRAL un de ses chefs :

« Hier seulement j'ai appris la mort de ce pauvre FOUDRAL. Veuillez dire à sa famille et à ses amis que tous ceux qui l'ont connu, officiers et employés, regrettent cette fin prématurée et conserveront de cet excellent garçon un très bon souvenir. »

D'autre part, les médecins de l'hôpital du Gros-Caillou ne cachent pas leur mécontentement que la fausseté de faits, qui portent atteinte à l'honneur de l'armée, n'ait pas donné lieu à une rectification officielle et publique.

Donc l'enquête réclamée avait été accomplie par l'autorité publique et aussi complètement que possible.

Il n'était pas difficile de connaître quels sont les individus qui se sont fait les *reporters* d'événements ayant eu pour théâtre principal l'intérieur d'une caserne.

Ne craignons pas de le dire, les coupables sont connus.

La fausseté de toutes leurs allégations est démontrée par l'enquête ordonnée par le Ministre de la guerre, et les pièces sont entre ses mains.

L'innocence du pauvre jeune soldat est absolument constatée, et la perfidie des dénonciateurs, certaine et démontrée.

On n'ose pas venger l'innocence, la justice et la vérité, parce qu'il faudrait punir certains coupables.

Catholiques, nous sommes tous sous le régime de la terreur, non de la guillotine, mais de la diffamation.

J'entendais dire à un homme très modéré :

« Si l'on en vient à rapporter impunément dans les journaux les divagations des gens en délire, il n'y a plus de sécurité pour personne. »

L'*Anti-Clérical* s'en vante ouvertement et dévoile ainsi toute la tactique de nos ennemis.

« Désormais, quand nous aurons à signaler, à l'indignation ou au mépris de nos lecteurs, quelque haut fait de calotin, nous n'en nommerons pas l'auteur, et nous nous garderons bien de *le désigner de façon* à donner prise à ses poursuites. »

✝

On n'avait peut être rien vu de semblable depuis les persécutions des premiers chrétiens. Leurs bourreaux les accusaient, eux aussi, des crimes les plus infâmes et des superstitions les plus abjectes. Les païens leur reprochaient d'adorer une tête d'âne, et plaisantaient leurs victimes sur le ton dont on reproche aujourd'hui aux chrétiens leur foi dans l'eau de Lourdes ou de la Salette. Les martyrs ont été deshonorés avant d'être mis à mort, et leurs bourreaux étaient remplis contre eux d'autant de mépris que de haine. Ils se résignaient au déshonneur comme ils acceptaient la mort pour Jésus-Christ ; souffrir et être méprisé, c'est la doctrine complète de la croix. Non pas seulement le sang, mais le fiel. Notre temps n'est pas satisfait du mot de Voltaire : « Écrasons l'infâme ! » Il a décidément préféré celui d'Edgard Quinet : « Étouffons l'Église dans la boue ! » Tous les catholiques et toutes leurs œuvres sont sous le coup de cette menace.

Est-il possible de se résigner à rendre les armes à de tels ennemis, et d'abandonner par crainte de l'impie la cause du juste et de l'innocent, surtout lorsqu'il a succombé et que la mort a fermé ses lèvres et désarmé son bras ? mais ses cendres ne sont pas muettes. *Defunctus adhuc loquitur.* Ne semble-t-il pas qu'elles nous crient, à nous, ses frères et ses uniques amis :

« Quoi ! Je me suis tant dévoué pour vous, je vous ai tant aimés, j'ai tant travaillé pour vous, pour votre œuvre ! Si j'ai voulu revenir à Paris c'était pour elle, c'était pour vous ! Et maintenant vous m'avez abandonné ! La plus infâme et la plus fausse calomnie pèse sur ma mémoire, sur ma famille et sur vous-mêmes. Tout ce que j'aimais tout ce que vous aimez est enveloppé dans le même mystère d'infamie. Allez-vous rester muets et tranquilles, reprenant le cours de votre vie heureuse, et laissant dans l'oubli bien loin derrière vous ma jeunesse sacrifiée, ma vie brisée ? Quoi, rien ! plus rien ! Résignation facile, résignation qui ressemble trop à la lâcheté et à la trahison ! »

✝

Est-ce là ton langage, pauvre chère âme ! Est-ce là ce que tu penses et ce que tu nous reproches ?

Non, du haut du ciel, elle voit les choses au large et en grand. Elle dit au contraire :

« Pardonnez, ne cherchez pas à me venger. — Souffrez, supportez l'outrage. Regardez votre étendard. C'est la croix, c'est-à-dire la souffrance avec le mépris, et c'est par eux que vous vaincrez. *In hoc signo vinces.* Croyez-moi, là où je suis, je vois les choses dans la vérité et dans la lumière.

« Ne regrettez rien. Ne me pleurez pas. Je suis plus heureux que vous. Mes ennemis m'ont soustrait aux dangers qui menaçaient ma jeunesse. J'ai rempli ma carrière, j'ai achevé ma course. J'ai gagné la récompense.

« Que le bon Dieu, et mes ennemis mêmes, en soient bénis ! »

Oui, ceux qui ont connu FOUDRAL reconnaîtront plutôt son âme à ces accents. Ils la savent capable de cette vertu, eux qui ont connu sa douceur envers tous et envers toutes choses, son égalité d'âme, sa soumission, et son abandon à Dieu. Non, son âme ne demande pas la vengeance ! Il prie pour nous. Il prie pour la paix de l'Église. Il prie pour le salut de la France. Il prie pour ses ennemis !

Ah ! je soupçonne Victor Chauvigné, qui aimait tant FOUDRAL de s'être lassé, là-haut, de l'attendre. FOUDRAL est mort de la même maladie, et en aussi peu de jours que Victor Chauvigné, tous deux soldats, tous deux dans un hopital, tous deux foudroyés dans la fleur de leur jeunesse !

Lorsque notre aumônier, M. P... apprit sa grave maladie, puis sa mort, il n'en fut pas si surpris que nous.

« Quand je vous disais que je m'attendais à le voir mourir jeune ! Foudral n'avait pas sa place sur la terre. Je lui dis un jour :

— Avez-vous la pensée de rester dans le monde ?

— Non, mon Père.

— Est-ce que vous voudriez vous consacrer au bon Dieu ?

— Je ne m'y sens point d'attrait.

« Ces âmes d'élite qui n'ont point leur place ici-bas, Dieu les cueille pour son paradis. »

XIII

Un mois après.

Quel vide dans la maison ! Et pourtant, elle est encore remplie de sa présence. On ne peut se désaccoutumer de le voir dans le jardin, et surtout dans la chapelle, auprès du sanctuaire où le retenait le soin de pourvoir à la régulière organisation du service divin. On le voit auprès du pilier, à portée de la sacristie et de l'autel. On croit encore entendre son pas si vif, en allant transmettre un avis à la tribune, ou bien prêter le concours de sa voix à l'exécution d'un morceau extraordinaire réclamant la présence de tous les musiciens du choral. Il se donnait à tout ce qui lui semblait un devoir pour aider au bien, partout où il lui était possible d'y participer ; ou pour répondre au désir de quiconque faisait appel à sa bonne volonté, qui savait le secret de ne refuser un service à personne.

Aussi depuis un mois, on est toujours au moment de le réclamer. On ne peut se faire à l'idée qu'il n'est plus là et qu'il ne répondra plus à l'appel qu'on avait l'habitude de lui adresser. Depuis un mois, depuis que son corps a disparu de la surface de la terre et repose au fond d'un cercueil, si sa présence sensible nous manque extérieurement, il semble qu'il soit encore invisiblement au milieu de nous.

On pouvait se demander quel serait l'effet produit dans le Cercle par l'abominable et publique calomnie répandue par les journaux. Sans y ajouter foi, ce qui est impossible pour les membres du Cercle, quelques-uns pouvaient céder au respect humain, et reculer devant des outrages odieux et insupportables. Dans certains ateliers, on avait même mis en demeure quelques ouvriers d'opter entre le Cercle et l'atelier.

Plusieurs, indignés de voir qu'aucune poursuite n'était intentée contre les diffamateurs, ignorant les efforts tentés pour démasquer leurs impostures, auraient pu se retirer, furieux de voir rester impunie une telle infamie. Or, depuis un mois, depuis le douloureux événement, jamais le Cercle n'a été aussi fréquenté, l'esprit des réunions, plus intime, plus affectueux, les offices, plus suivis, les confessions et les communions, plus nombreuses. Le respect du prêtre, l'esprit de foi et de prière, l'union étroite entre les membres, l'attachement au Cercle ont redoublé. Est-ce le fruit de quelque entraînant appel? Aucunement, car la douleur profonde est sans parole. Le coup a été si terrible, si inattendu ! Les membres du Cercle, voyant l'accablement de leur Directeur sous une affliction inguérissable, l'ont entouré des témoignages les plus vifs de leur sympathie. Ils le relèvent, ils le fortifient avec cette délicatesse et cet instinct du cœur propres à ces natures droites et généreuses.

D'où vient donc ce souffle nouveau, pour ainsi dire, qui a passé sur les âmes ? On sent dans l'Œuvre un sentiment de paix et de douceur, qui ne saurait se définir et se préciser. C'est comme si le cœur de FOUDRAL était devenu le cœur de chacun, et comme si son âme douce et dévouée, pieuse et tendre, bonne et miséricordieuse, était maintenant l'âme même du Cercle.

Quoi de bien étonnant, pour celui qui a le bonheur de croire ? L'âme de notre FOUDRAL, de son vivant, était tout entière au Cercle. Toutes ses pensées, ses actes, ses affections étaient là. Quand ses devoirs d'état et de famille étaient remplis, c'était au Cercle que se passait sa vie. Pourquoi cette âme immortelle, changeant complètement de nature, se serait-elle séparée de nous ? La foi nous enseigne que, tout en jouissant de la béatitude dans le sein de Dieu, les élus ne cessent point d'aimer ce qu'ils aimaient légitimement sur la terre. Oui, FOUDRAL est au ciel, et il est encore avec nous. Sa fidélité, qui a fait son salut et qui était sa vertu essentielle, ne l'a point quitté dans la gloire.

C'est surtout la fidélité que Notre-Seigneur récompense en ses saints. « Viens, bon serviteur, parce que tu as été fidèle dans les petites choses, tu seras appelé à de plus grandes. » Lui-même s'est glorifié de sa fidélité. « Je fais toutes les choses qui sont agréables à mon père. » Est-ce que la vie entière de notre frère chéri n'est pas le reflet lumineux de cette parole ; toute sa vie, il a fait ce qui était agréable au bon Dieu.

Oui, c'est cette belle vertu de la fidélité qui a ouvert à Foudral les portes du Ciel. Je me figure, et je ne me trompe pas, qu'il a été reçu à son entrée par le martyr inconnu, patron de notre Cercle, auquel il fut si particulièrement pieux. FOUDRAL a été le premier membre de la Commission des nouveaux, placée sous le patronage de saint Générosus. Il a été le premier ouvrier de l'imprimerie Saint-Générosus. Il est mort, président de l'association de Saint-Générosus, consacrée au service de la chapelle. Qu'est-ce que le martyre lui-même, sinon le témoignage suprême de la fidélité ? Oui, saint Générosus a dû, le premier des saints du ciel, accueillir l'âme fidèle, l'âme martyre de notre cher Foudral. Elle doit être assise non loin du trône de saint Générosus et de ses palmes ; non loin, aussi, de notre Victor Chauvigné, et de nos chers défunts du Cercle, déjà si nombreux.

Comment douter que de tels amis ne nous protègent de leur puissante et ardente intercession? Comment ne point croire que ce redoublement de fidélité et de ferveur au Cercle, après de telles épreuves, n'est point l'effet de leurs prières et de leur immortel amour pour notre chère Œuvre, pour nous tous, et pour chacun d'entre nous?

Oh ! dogme doux et magnifique de la communion des saints du ciel et de la terre, que l'on est heureux de te posséder dans le *Credo* de sa foi, si bien d'accord avec le besoin de son cœur !

Chères et saintes âmes, vous ne nous oubliez pas.

Au sein des joies éternelles, vous nous aimez toujours. Au pied des trônes des Apôtres, des Martyrs et des Saints, vous êtes encore présentes parmi nous.

Nous n'avons perdu que le bonheur de votre présence visible ; nous avons gagné pour le bien de notre Œuvre et le salut de ses membres, la puissance d'intercession qui est le plus précieux privilège de votre gloire !

Si quelque jour ce souffle ardent de charité qui nous anime venait à se refroidir ; si nous venions à nous aimer moins les uns les autres, ou à faiblir dans notre zèle pour la Table sainte ; ou, à moins nous plaire dans la simplicité de nos réunions et de nos joies innocentes ; si, enfin, chose impossible, le souvenir de vos exemples venait à s'effacer de nos mémoires par l'effet du temps et de la faiblesse de nos cœurs, oh ! âme de notre bien-aimé FOUDRAL, continuez ce que vous faisiez, ce que vous étiez pour nous. Soyez notre protecteur là-haut, soyez ici encore l'âme de notre Œuvre, soyez toujours notre âme à tous !...

FOUDRAL, priez pour nous !

ACHEVÉ
D'IMPRIMER SUR
UNE DES PRESSES MÉ-
CANIQUES DE L'IMPRIMERIE
SAINT-GÉNÉROSUS, CELLE MÊME
SUR LAQUELLE FOUDRAL A TRAVAILLÉ;
SOCIÉTÉ J. MERSCH ET COMPAGNIE, HUIT, RUE CAM-
PAGNE-PREMIÈRE, A PARIS, EN LA FÊTE
DE SAINT-LAZARE, LE DEUXIÈME
JOUR DE SEPTEMBRE EN L'AN
DE GRACE MIL HUIT
CENT QUATRE-
VINGT.